Introdução à
Espiritualidade Franciscana

Dados Internacionais de Catalogação na Publicação (CIP)
(Câmara Brasileira do Livro, SP, Brasil)

Gomes, Fábio Cesar
  Introdução à Espiritualidade Franciscana : textos, contextos, atualidade, testemunhos / Fábio Cesar Gomes. – Petrópolis, RJ : Vozes, 2022.

Bibliografia.
ISBN 978-65-5713-494-8

1. Espiritualidade 2. Franciscanos 3. Francisco de Assis, Santo, 1181 ou 2-1226 I. Título.

21-87469 CDD-248.894

Índices para catálogo sistemático:
1. Espiritualidade franciscana : Cristianismo
248.894

Cibele Maria Dias – Bibliotecária – CRB-8/9427

FÁBIO CESAR GOMES, OFM

Introdução à
Espiritualidade Franciscana

Textos, contextos, atualidade, testemunhos

EDITORA VOZES

Petrópolis

© 2022, Editora Vozes Ltda.
Rua Frei Luís, 100
25689-900 Petrópolis, RJ
www.vozes.com.br
Brasil

Todos os direitos reservados. Nenhuma parte desta obra poderá ser reproduzida ou transmitida por qualquer forma e/ou quaisquer meios (eletrônico ou mecânico, incluindo fotocópia e gravação) ou arquivada em qualquer sistema ou banco de dados sem permissão escrita da editora.

CONSELHO EDITORIAL

Diretor
Gilberto Gonçalves Garcia

Editores
Aline dos Santos Carneiro
Edrian Josué Pasini
Marilac Loraine Oleniki
Welder Lancieri Marchini

Conselheiros
Francisco Morás
Ludovico Garmus
Teobaldo Heidemann
Volney J. Berkenbrock

Secretário executivo
Leonardo A.R.T. dos Santos

Editoração: Fernando Sergio Olivetti da Rocha
Diagramação: Raquel Nascimento
Revisão gráfica: Jaqueline Moreira
Capa: SGDesign
Ilustração de capa: Ilustração: Detalhe da imagem retratada na Capela Porciúncula, na Basílica de Nossa Senhora dos Anjos, perto de Assis. Foto: Porciúncula na Festa do Perdão, por Alekjds.

ISBN 978-65-5713-494-8

Este livro foi composto e impresso pela Editora Vozes Ltda.

Aos meus pais, Osmar e Lourdes, e aos confrades da Ordem dos Frades Menores: com imensa gratidão!

Sumário

Siglas, 9
Introdução, 11
I – Espírito do Senhor, 17
  Escritos de Francisco, 19
  Contextos biográficos: o despojamento diante do Bispo de Assis, 23
  Atualidade: Papa Francisco, 26
  Testemunho: irmã Maria Ivone da Apresentação, 33
II – Seguimento de Jesus Cristo, 36
  Escritos de Francisco, 38
  Contextos biográficos: o Evangelho da missão apostólica, 40
  Atualidade: Leonardo Boff, 43
  Testemunho: frei Gino Alberati, 48
  Testemunho: frei Diego Atalino de Melo, 51
III – Contemplação, 55
  Escritos de Francisco, 57
  Contextos biográficos: um homem feito oração, 59
  Atualidade: Thomas Merton, 62
  Testemunho: frei Salvio Romero da Silva, 67
IV – Os três conselhos evangélicos, 72
  Escritos de Francisco, 74
  Contextos biográficos: o beijo no leproso, 82

Atualidade: irmão Roger Schutz, 86
Testemunho: frei Hans Stapel, 92
V – Fraternidade, 97
Escritos de Francisco, 98
Contextos biográficos: o frade perfeito, 100
Atualidade: Chiara Lubich, 103
Testemunho: Helder Pavanelli Lopes e Ângela Maria de Albuquerque Lopes, 110
Testemunho: Maria Elisa Sphair Gadens, 111
VI – Minoridade, 115
Escritos de Francisco, 117
Contextos biográficos: o diálogo da Perfeita Alegria, 123
Atualidade: Charles de Foucauld, 128
Testemunho: frei Ronaldo Gomes da Silva, 132
VII – Evangelização, 137
Escritos de Francisco, 139
Contextos Biográficos: o encontro com o Sultão, 143
Atualidade: Jean-Mohammed Abd-El-Jalil, 146
Testemunho: frei Jorge Lázaro de Souza, 151
Testemunho: pastor Tiago Sant'Ana Cezar, 155
VIII – Ecologia, 160
Escritos de Francisco, 162
Contextos biográficos: a pregação aos pássaros, 164
Atualidade: Teilhard de Chardin, 168
Testemunho: Breno Herrera da Silva Coelho, 172
Testemunho: Moema Miranda, 176
Considerações finais, 181
Referências, 185

Siglas

Das Fontes Franciscanas (FF) e de Documentos Eclesiásticos

Ad – *Admoestações*
Ant – *Carta a Santo Antônio*
AP – *Anônimo Perusino*
AtF – *Atos do Bem-aventurado Francisco e companheiros*

CA – *Compilação de Assis*
1Cel – *Primeira Vida, de Tomás de Celano*
2Cel – *Segunda Vida, de Tomás de Celano*
3Cel – *Tratado dos Milagres, de Tomás de Celano*
Cnt – *Cântico do Irmão Sol*
1Ct – *Carta aos Custódios (1ª Recensão)*
2Ct – *Carta aos Custódios (2ª Recensão)*

EG – *Exortação Apostólica Evangelii Gaudium*
1EP – *Espelho da Perfeição (menor)*
2EP – *Espelho da Perfeição (maior)*
ExL – *Exortação ao Louvor de Deus*

1Fi – *Carta aos Fiéis (1ª Recensão)*
2Fi – *Carta aos Fiéis (2ª Recensão)*
Fior – *I Fioretti*
1Fr – *Fragmentos da Regra não Bulada (Códice de Worcerster)*
2Fr – *Fragmentos da Regra não Bulada (Hugo de Digne)*
FV – *Forma de Vida para Santa Clara*
GE – *Exortação Apostólica Gaudete et Exsultate*

2In – *Segunda Carta a Inês de Praga*
3In – *Terceira Carta a Inês de Praga*
4In – *Quarta Carta a Inês de Praga*

JJ – *Crônica de Jordano de Jano*

LD – *Louvores ao Deus Altíssimo*
Le – *Carta a frei Leão*
LH – *Louvor de Deus nas Horas Canônicas*
LM – *Legenda Maior, de São Boaventura*
Lm – *Legenda Menor, de São Boaventura*
LS – *Carta Encíclica Laudato Si'*
LTC – *Legenda dos Três Companheiros*

Mn – *Carta a um Ministro*

Ord – *Carta a toda a Ordem*

PA – *Perfeita Alegria*
PN – *Paráfrase ao Pai-nosso*

RB – *Regra Bulada*
RnB – *Regra não Bulada*
RSC – *Regra de Santa Clara*

SV – *Saudação às Virtudes*

Test – *Testamento*
TestC – *Testamento de Santa Clara*
TestS – *Testamento de Sena*

UV – *Última Vontade a Santa Clara*

Introdução

Começamos por esclarecer o que entendemos pelo título dado a este livro: *Introdução à Espiritualidade Franciscana: textos, contextos, atualidade, testemunhos*, no qual, de certo modo, estão contidas as suas finalidades principais, os seus objetos de pesquisa e a sua metodologia. Nosso título inicia-se com a palavra "Introdução", o que, de *per si*, indica a intenção precípua desta obra: iniciar no estudo da Espiritualidade Franciscana a tantos quantos se interessam pela mesma, oferecendo-lhes noções básicas e indicações fundamentais sobre esse campo específico da Teologia Cristã. Portanto, sua finalidade é, sobretudo, didática.

A propósito, fazemos notar que este livro surgiu a partir de vários cursos de Espiritualidade Franciscana ministrados por nós, desde 2011, no Instituto Filosófico São Boaventura de Curitiba/PR e, desde 2016, no Instituto Teológico Franciscano de Petrópolis/RJ, como também de assessorias prestadas em cursos e retiros espirituais a diversos grupos de franciscanos e franciscanas, em várias partes do Brasil.

A Espiritualidade Franciscana mostra-se muito atual, sobretudo em virtude da grande popularidade e do irresistível fascínio que a figura de Francisco de Assis exerce sobre os mais diversos tipos de pessoas, mesmo entre os que não professam alguma fé religiosa. Prova disso foi o fato de o Papa João Paulo II, em 1979, ter proclamado o *Poverello*[1] como o "celeste patrono dos cultores da ecologia"[2] e dele ter sido escolhido, numa enquete realizada pela revista *Times*, em 1992, como uma das dez mais importantes personalidades do segundo milênio[3]. Acrescente-se a isso, a inédita escolha que fez o cardeal Jorge Mario Bergoglio do nome de Francisco de Assis, quando foi eleito Papa, aos treze de março de 2013.

De fato, Francisco é o mais universal dos santos católicos, de modo que todas as diversas aproximações à sua experiência e proposta espirituais, quando realizadas com honestidade intelectual, são dignas de respeito e consideração, mesmo porque nenhuma abordagem poderá, sozinha, dar conta da grandeza da sua personalidade e da profundidade do seu pensamento. Não obstante isto, deve-se reconhecer a identidade marcadamente cristã da experiência humana e espiritual de Francisco, atestada tanto por ele próprio nos seus *Escritos* quanto pelos seus primeiros hagiógrafos, como veremos ao longo dos capítulos.

Desse modo, já se anuncia o que entendemos quando, no título, falamos de "Espiritualidade Franciscana", quer dizer: a experiência espiritual cristã do Santo de Assis expressa, ainda que parcialmente, nos seus *Escritos* e nas primitivas *Hagiografias Franciscanas*[4], em outras palavras, nas chamadas *Fontes Franciscanas*[5]. Trata-se de

---

1. Várias vezes nos referiremos a Francisco de Assis com o apelativo de *"Poverello"*, que significa "Pobrezinho", muito adequado para definir sua vida e espiritualidade.
2. Para a versão espanhola da carta do Papa, cf. http://www.vatican.va/content/john-paul-ii/es/apost_letters/1979/documents/hf_jp-ii_apl_19791129_inter-sanctos.html
3. Cf. http://content.time.com/time/subscriber/article/0,33009,976745,00.html
4. Falamos em termos mais abrangentes de hagiografias – literatura referente à vida e milagres dos santos e santas – e não simplesmente de biografias, uma vez que a essas, nas *Fontes Franciscanas*, constituem apenas um dos tipos de hagiografias dentre outros, tais como: Legendas, Compilações, Espelhos, Florilégios etc. (cf. URIBE, F. *Introduzione alle fonti agiografiche di San Francesco e Santa Chiara d'Assisi (secc. XIII-XIV)*. Assisi: Porziuncola, 2002, p. 52-53).
5. Faremos as citações das *Fontes Franciscanas* de acordo com a seguinte edição: TEIXEIRA, C.M. (org.). *Fontes Franciscanas e Clarianas*. Petrópolis: Vozes/FFB,

uma experiência que, como afirma Cesare Vaiani, deveria mais propriamente ser chamada de Espiritualidade São-franciscana[6], ou seja, a Espiritualidade de São Francisco, expressão que não adotaremos, mas cujo significado daremos como pressuposto quando, ao longo das nossas reflexões, falarmos de Espiritualidade Franciscana.

Com isso, por um lado, delimitamos a nossa reflexão sobre a Espiritualidade Franciscana a este âmbito específico, vale dizer, à pessoa de São Francisco, sem nos estendermos às experiências realizadas e às doutrinas desenvolvidas posteriormente por aquela que, comumente, é chamada de Escola Franciscana de Espiritualidade. Por outro, justificamos a presença das palavras "Textos e Contextos" no nosso título. Os "Textos" correspondem, fundamentalmente, à seção de cada capítulo intitulada "Escritos de Francisco", vale dizer, os opúsculos cuja autoria é atribuída ao próprio *Poverello* e que, por isso, constituem a fonte primária; em outras palavras, a via por excelência de acesso à sua espiritualidade[7]. Os "Contextos", por sua vez, correspondem à seção intitulada "Contextos biográficos", na qual sempre destacaremos algum episódio significativo da vida de Francisco narrado pelos diversos textos hagiográficos franciscanos dos séculos XIII e XIV, uma vez que os mesmos nos ajudam a situar a Espiritualidade Franciscana dentro do percurso biográfico de Francisco e do ambiente histórico e cultural do seu tempo.

2004. No Brasil, há também essa outra edição impressa: FASSINI, D. (org.). *Fontes Franciscanas*. Santo André: Mensageiro de Santo Antônio, 2005; além de edições on-line, como por exemplo: http://www.centrofranciscano.capuchinhossp.org.br/fontes e https://franciscanos.org.br/carisma/fontes-franciscanas#gsc.tab=0

6. VAIANI, C. *La via di Francesco*. Milão: Biblioteca Francescana, 2008, p. 9.

7. Trata-se de um conjunto significativo que soma 27 textos – quando se considera a *Bênção a frei Leão* e os *Louvores a Deus Altíssimo*, que compõem o *Bilhete a frei Leão*, como textos distintos –, dentre os quais três foram escritos por Francisco de próprio punho; além dos dois citados, também a *Carta a frei Leão*.

Desta vasta e preciosa documentação à qual temos o privilégio de acessar, individuaremos as seguintes temáticas que, no nosso entender, constituem como que a síntese da experiência espiritual de Francisco e que, por isso, consideramos como as mais representativas da sua espiritualidade: Espírito do Senhor, Seguimento de Cristo, Contemplação, Conselhos Evangélicos, Fraternidade, Minoridade, Evangelização e Ecologia. Para cada um desses temas será reservado um capítulo do presente livro, cada qual com quatro seções.

Portanto, além das seções "Escritos de Francisco" e "Contextos biográficos" às quais nos referimos, na seção "Atualidade", selecionaremos sempre um autor ou uma autora de espiritualidade dos séculos XX e XXI que tenha se inspirado, direta ou indiretamente, na experiência espiritual do Santo de Assis e elaborado alguma sugestiva reflexão sobre o tema em questão. Alertamos, porém, que não se trata de estudos comparativos completos do pensamento de tais autores com o de Francisco, mas, simplesmente, de reflexões a partir de alusões feitas pelos mesmos à sua pessoa e à espiritualidade.

Já na seção "Testemunhos", ofereceremos sempre o depoimento de alguém que, inspirado(a) em Francisco, esteja procurando traduzir em práticas os possíveis significados de cada um dos temas para os nossos dias. Felizmente, inúmeros são os que, hoje, têm a Espiritualidade Franciscana como uma referência importante para a própria vida, de modo que muitos outros testemunhos poderiam ter sido registrados. Tomamos como critérios de escolha, além da relevância das experiências com relação aos temas tratados, também o da representatividade, vale dizer, depoimentos que, por um lado, representam os principais ramos da grande árvore que constitui a chamada Família Franciscana e, por outro, depoimentos representativos dos que, mesmo não pertencendo a alguma instituição franciscana, sentem-se franciscanos e franciscanas de coração.

Trata-se, portanto, de um trabalho escrito com a colaboração de várias pessoas, pelo que agradecemos de coração a tantos quantos se dispuseram a partilhar, através de um testemunho, um pouco do que compreendem sobre Francisco e sua espiritualidade e da própria experiência de vida. De um modo muito especial, agradecemos a frei Celso Márcio Teixeira, da Ordem dos Frades Menores, grande estudioso de franciscanismo que, muito gentilmente, prontificou-se a apreciar as seções relativas às *Fontes Franciscanas*, contribuindo com preciosas sugestões. Tributamos também nossa gratidão aos irmãos Etienne e Charles-Eugène, da comunidade de Taizé, na França, pelas importantes indicações sobre a vida e o pensamento do irmão Roger Schutz. O mesmo vale para frei Adriano Cézar de Oliveira, da Ordem dos Frades Menores Capuchinhos e grande estudioso de Thomas Merton, pelo compartilhamento dos seus estudos comparativos sobre Francisco de Assis e o monge trapista.

Como o(a) leitor(a) mais familiarizado(a) com a Espiritualidade Cristã perceberá, as temáticas que abordaremos em cada capítulo coincidem, em grande parte, com aquelas tratadas também por outros autores cristãos, uma vez que, várias delas, caracterizam a Espiritualidade Cristã enquanto tal. Neste sentido, a originalidade de Francisco não reside tanto *no tipo* de temas que aborda, mas, *no como* o faz, ou seja, na forma com a qual se apropria e assimila o patrimônio comum da Espiritualidade Cristã[8].

Por conta disso, também este trabalho não tem a pretensão de apresentar-se como uma grande novidade, mas, simplesmente, como uma contribuição a mais a respeito de assuntos já estudados por outros autores, alguns dos quais nos serviremos e citaremos. Também não pretendemos oferecer um estudo muito aprofunda-

---

8. De acordo com Giovanni Moioli, foi justamente a partir das diferentes "apropriações", ou melhor, personalizações do mesmo dado objetivo da fé cristã que surgiram as diversas Espiritualidades Cristãs ao longo da história: cf. MOIOLI, G. *L'esperienza spirituale* – Lezioni introduttive. Milão: Glossa, 2014, p. 29-36.

do e abordagens por demais completas sobre os diversos temas, coisa que o(a) leitor(a) poderá encontrar em outras obras que, oportunamente, indicaremos.

Como dissemos acima, trata-se simplesmente de uma introdução, vale dizer, um convite aos leitores e às leitoras para tomarem os textos das *Fontes Franciscanas* em mãos e, tendo presente as contribuições da Espiritualidade Contemporânea, os testemunhos de tantos e tantas que se inspiram em Francisco de Assis e os desafios da realidade atual, prosseguirem a reflexão.

Boa leitura!

Petrópolis, 29 de novembro de 2021, comemoração de todos os santos e santas franciscanos.

I
Espírito do Senhor

A palavra espiritualidade aparece tardiamente no cristianismo, já no século V, em uma carta na qual Pelágio, contemporâneo de São Jerônimo, aconselhava, provavelmente um recém-batizado, a agir de tal modo a progredir sempre mais na espiritualidade (*age, ut in spiritualitate proficias*), vale dizer, na experiência de fé cristã iniciada no batismo[9]. Independente disso, termos estreitamente relacionados ao conceito de espiritualidade tais como Espírito Santo, espírito, espiritual, espiritualmente etc., fizeram-se sempre presentes na literatura cristã, desde o *Novo Testamento* que, por sua vez, remetem-nos também a várias passagens do *Antigo Testamento*[10].

Também nos *Escritos de Francisco* nunca se encontra o vocábulo espiritualidade, mas, muito frequentemente, termos bíblicos relativos ao mesmo, o que evidencia o quanto o *Poverello* se inspirava

---

[9]. Cf. SECONDIN, B.; GOFFI, T. (orgs.). *Curso de Espiritualidade* – Experiência, sistemática, projeções. São Paulo: Paulinas, 1994, p. 12.
[10]. Muitas seriam as referências bíblicas a respeito. Limitamo-nos apenas a citar as seguintes, do Novo Testamento: Espírito Santo (cf. Mt 10,29; 28,19; Mc 13,11; Lc 11,15-17; 12,11s.; 24,49; 19,2-6; Jo 7,39; 14; 15,16; 16,26; At 1,5; 4,31s.; 5,3s.; 8,14-17; 10,44-47; 20,28; 28,25s.; 1Cor 3,16; 12,4–14,40; 15,26; 16,13-15; Gl 4,6; 5,22s.; Tt 1,4s.; 3,5s.; 16,12s.; Rm 8,2.11; Ef 1,13s.; 2Tm 1,7), espírito(s) (cf. Mc 1,13.23.26; 1Ts 5,23; At 5,16; Hb 1,14; Ap 4,5) e espirituais (cf. 1Cor 2,13; Gl 6,1; Rm 8,9; Gl 5,13s.).

na Sagrada Escritura e a ela conformava não somente o seu modo de viver, mas também o de pensar e o de falar.

Porém, no vocabulário do *Poverello*, destaca-se a expressão "Espírito do Senhor", que ele considera como a prioridade absoluta da proposta de vida que inaugurou, quando diz: "atentem a que, acima de tudo, devem desejar possuir o Espírito do Senhor e seu santo modo de operar" (RB10,9). Realmente, como bem observou o grande estudioso dos *Escritos de Francisco*, Caetano Esser, a doutrina sobre o Espírito do Senhor constitui o cerne da Espiritualidade Franciscana, pois:

> Em São Francisco não se trata apenas de um seguimento externo da vida de Cristo, mas antes de tudo de tornar vivo e ativo, no seguidor de Cristo, o Espírito de Cristo. Nessa doutrina sobre o Espírito do Senhor (*spiritus Domini*), pode-se reconhecer o próprio centro do pensamento e do procedimento cristão de S. Francisco. A respeito Dele fala sempre nas suas Regras e Cartas, e nas Admoestações para os irmãos[11].

Nesse sentido, podemos afirmar que tal expressão representa a chave de leitura por excelência da Espiritualidade Franciscana, razão pela qual a escolhemos como o primeiro dos temas a serem por nós tratados. Não por acaso, muitos autores se ocuparam em explicitar o significado dessa expressão, abordando-a desde as mais diversas perspectivas, dentre as quais prevalece a de caráter mais propriamente teológico, segundo a qual a mesma é muitas vezes considerada como sinônimo da terceira pessoa da Trindade, o Espírito Santo[12].

---

11. ESSER, K. Studium und Wessenshaft im Geiste des hl. Franziskus von Assisi. In: *Wiss Weish* 39, 1976, p. 28. Trad. de *Cadernos da Estef*/3, 1989, p. 7-8.
12. A título de exemplo, nesta linha coloca-se a obra BARTOLINI, R. *Lo Spirito del Signore*: Francesco di Assisi guida all'esperienza dello Spirito Santo. Collectio Assissiensis 13. Assis: Studio Teológico Porziuncola, 1982. Deve-se reconhecer, porém, que uma dificuldade para a compreensão da expressão em Francisco é que

Porém, uma leitura mais direta dos *Escritos de Francisco* nos faz perceber que, em algumas passagens, num mesmo texto, aparecem tanto uma como outra expressão, dando a entender que as mesmas não são simplesmente sinônimas, como, por exemplo, nesta passagem da *Regra não Bulada*:

> O *Espírito do Senhor*, porém, quer que a carne seja mortificada e desprezada, vil e abjeta. E procura a humildade, a paciência e a pura, simples e verdadeira paz do espírito. E deseja sempre e acima de tudo o divino temor, a divina sabedoria e o divino amor do Pai e do Filho e do *Espírito Santo* (RnB 17,14-16).

Nesse sentido, antes de tentarmos perceber o significado de tais expressões, certamente nos será útil iniciarmos pelo termo espírito, especialmente no seu significado mais propriamente antropológico[13], ou seja, naqueles textos em que Francisco trata mais especificamente da sua visão de ser humano. É disso que falaremos a partir de agora.

Escritos de Francisco

Tomemos como ponto de partida a *Quinta Admoestação* que diz o seguinte:

> Considera, ó homem, em que grande excelência te pôs o Senhor Deus, porque te criou e formou à imagem de

---

os códigos medievais muitas vezes não fazem distinção entre letras maiúsculas e minúsculas no meio das frases, de modo que a palavra "espírito" vem transcrita das duas formas. Além disso, como observa Optatus Van Asseldonk, devido à "unidade de vida e de ação na concepção trinitária são-franciscana, não é difícil compreender como Francisco nem sempre distinga bem, ao falar do Espírito (e de Senhor), de que pessoa concretamente se trata: se de Deus em geral, ou de Deus Pai, ou do Filho Jesus Cristo, ou do Espírito Santo": VAN ASSELDONK, O. In: *Dizionario Francescano*. Pádova: Messaggero, 1983, p. 1.728-1.729 (tradução nossa).

13. Essa é a perspectiva adotada por Celso Márcio Teixeira no seguinte artigo: O Espírito do Senhor. Ensaio de uma leitura antropológica. In: *Cadernos Franciscanos*, 13, 1999, p. 11-28.

seu dileto Filho segundo o corpo e à sua semelhança segundo o espírito (Ad 5,1).

Como se pode notar, Francisco, inspirado na narração bíblica da criação do ser humano (cf. Gn 1,26), deixa bem claro que a sua verdadeira grandeza reside em ter sido criado à imagem e semelhança de Deus, esclarecendo que se trata da imagem segundo o corpo e da semelhança segundo o espírito do Filho de Deus, Jesus Cristo. Aqui, sem dúvida, percebe-se um certo eco daquela visão paulina da predestinação de Cristo a ser o primogênito da criação (cf. Cl 1,15-20; Ef 1,1-10; 1Cor 8,6) que, posteriormente, será desenvolvida com muita propriedade pela Escola Franciscana de Teologia, especialmente através da doutrina Scotista do primado universal de Cristo[14].

Para nós, no entanto, o que interessa mais especificamente é o termo espírito que, referido à passagem do Gênesis, sugere-nos um significado relacionado à palavra hebraica *ruah*, quer dizer, sopro ou hálito vital. Desse modo, espírito, na *Admoestação*, significaria a dimensão espiritual do ser humano, o modo de ser de Deus que lhe foi comunicado por força do ato criacional, do sopro divino. E sendo que Deus, para Francisco, é concebido sobretudo como Sumo Bem (cf. LD 3; PN 2; LH 11; 23,9 etc.), vale dizer, bondade infinita e amor incondicional, termos sido criados à semelhança dele segundo o espírito, indica que possuímos esta mesma capacidade de amar.

Porém, aquilo que enquanto criaturas nos foi comunicado como um dom, por força de outra prerrogativa fundamental do ser humano, o livre-arbítrio, deve ser assumido por nós como uma

---

14. Doutrina Scotista, aqui, refere-se a Johannes Duns Scotus, filósofo e teólogo franciscano do final do século XIII e início do XIV que, dentre outras coisas, desenvolveu uma interessante reflexão a propósito do primado da encarnação de Cristo sobre a criação – não no sentido cronológico, mas da intencionalidade divina – e também acerca da imaculada conceição de Maria, determinante para a proclamação do dogma, em 1854.

tarefa e uma responsabilidade. Em outras palavras, o ser humano deve tornar-se pelo próprio esforço aquilo que já o é por graça, esforço este que Francisco chama de vida de penitência, fazendo uma profunda reflexão sobre o tema especialmente na *Carta aos Fiéis*, na qual diz:

> Todos os que amam o Senhor de todo o coração, com toda a alma e com todo o pensamento, com toda a força e amam seu próximo como a si mesmos, e odeiam seus corpos com os vícios e pecados, recebem o corpo e o sangue de Nosso Senhor Jesus Cristo, e produzem dignos frutos de penitência: Quão bem-aventurados e benditos são aqueles e aquelas ao fazerem tais coisas e nelas perseverarem, porque pousará sobre eles o espírito do Senhor e fará neles habitação e um lugar de repouso; e são filhos do Pai celestial, cujas obras realizam, e são esposos, irmãos e mães de Nosso Senhor Jesus Cristo (1Fi 1-7; cf. 2Fi 18.48-50).

Note-se que, aqui, Francisco afirma que sobre os que perseveram na vida de penitência "repousará o espírito do Senhor". Celso Márcio Teixeira defende a ideia de que, nesse caso, Francisco não está falando da terceira pessoa da Santíssima Trindade chamada de Espírito Santo, mas do mesmo espírito ao qual se referiu na *Quinta Admoestação*, recordando a dimensão espiritual pela qual o ser humano se assemelha a Deus, o modo de ser de Deus que lhe foi conferido enquanto criatura e que, à medida em que a pessoa o assume, repousa sobre ela, ou seja, torna-se, nela, sempre mais, uma presença habitual[15].

Daí também se entende por que Francisco, em outra *Admoestação*, diz que "o espírito do Senhor, que mora nos seus fiéis, é quem recebe o santíssimo corpo e sangue do Senhor" (Ad 1,12). Quer dizer, comunga dignamente quem constantemente está na

---

15. TEIXEIRA, C.M. O Espírito do Senhor... Op. cit., p. 18-19.

busca da própria semelhança com Deus, fazendo penitência, o que, como vimos no texto da *Carta aos Fiéis*, consiste fundamentalmente numa questão de amor: amar a Deus e ao próximo. Ademais, na continuação da referida *Carta*, ao Espírito Santo é atribuída uma função toda própria, isto é, a de estabelecer entre Jesus Cristo e os fiéis – os que fazem penitência – uma relação esponsal: "somos esposos, quando a alma fiel se une pelo Espírito Santo a Nosso Senhor Jesus Cristo" (1Fi 8; cf. 2Fi 51)[16].

Além disso, a perspectiva antropológica que nos oferece a *Quinta Admoestação* leva-nos a perceber que o termo carne, em Francisco, quase nunca equivale à realidade física, exterior do ser humano, mas diz respeito a uma realidade que lhe é interior aposta a Deus, a um modo de ser determinado exclusivamente por seu próprio ego[17]. Por isso, para Francisco a carne possui também um "espírito", o "espírito da carne", ou seja, um modo de ser que se manifesta em tudo o que a pessoa faz, também em suas práticas religiosas que, muitas vezes, possuem apenas aparência de santidade: "a religião e santidade que aparecem exteriormente aos homens" (RnB 17,12). Por aqui, fica evidente que Francisco não entende carne e espírito em sentido dualista/maniqueísta como acontecia entre certos grupos que lhe foram contemporâneos, mas num sentido profundo e integral, enquanto realidades que dizem respeito à profundidade do humano que, por sua vez, se manifestam em tudo o que faz e diz.

Neste mesmo sentido profundo e integral podemos entender o termo *saeculum*, quase sempre traduzido como mundo, presente

---

16. Tal função unitiva do Espírito Santo remete-nos à oração conclusiva da *Carta enviada a toda a Ordem* na qual Francisco, comparando-o ao fogo, pede ao "onipotente, eterno, justo e misericordioso Deus", não somente para ser purificado e iluminado, mas também abrasado pelo Espírito Santo.

17. Por esse motivo, na edição Vozes/Cefepal, Celso Márcio Teixeira traduz o termo latino *caro* (carne), da *12ª Admoestação*, como "eu". Cf. *Fontes Franciscanas e Clarianas*, p. 100.

em outros textos de Francisco[18]. Enquanto "carne" refere-se mais propriamente à realidade interior ao ser humano que se opõe a Deus, possuindo um significado mais pessoal, "mundo" diz respeito às circunstâncias e às estruturas externas que, ao longo da história (dos séculos), constituem-se como realidades contrárias ao projeto de Deus para a humanidade, na linha daquilo que João, no seu Evangelho, entende por "mundo" (*Kosmos*), quando diz que o mesmo não conhece Cristo (cf. Jo 1,10) e odeia os seus discípulos (cf. Jo 15,18-19).

Portanto, dada a condição de liberdade ontológica segundo a qual o ser humano foi criado, de tal modo que a semelhança com Deus se apresenta como uma possibilidade a ser realizada por cada pessoa, existirá sempre, no interior de cada um de nós, uma tensão entre carne e espírito, ou seja, uma opção a ser sempre de novo feita entre aqueles dois modos de vida sobre os quais nos fala Paulo nas suas *Cartas*: a vida segundo o espírito e vida segundo a carne (cf. Gl 5,13-23; Rm 8,1-11). Às duas diferentes concretizações destas opções na vida de cada pessoa Francisco chama, respectivamente, de fazer e de não fazer penitência[19].

Contextos biográficos: o despojamento diante do Bispo de Assis

Uma concepção assim profunda e larga de espiritualidade, no nosso entender, está estreitamente relacionada com um gesto realizado por Francisco que assinalou a ruptura radical que ele fez com

---

18. Alguns exemplos disso são: RnB 8,2; 17,10; RB 6,3; 10,8; Test 3; Gv 3; Ad 15,2. Para fins de comparação com o texto latino, cf. *Fontes Franciscani* (Enrico Menestò e Stefano Brufani (orgs.)). Assis: Porziuncola, 1995, p. 32, 107, 176, 179, 192, 201, 227.
19. De fato, a *Carta aos fiéis*, na sua primeira recensão, da qual já citamos um trecho, desenvolve-se em dois grandes momentos que se referem, respectivamente, aos que fazem e aos que não fazem penitência.

o modo e a condição de vida que vivia até então: o despojamento de suas vestes diante do Bispo de Assis e a entrega das mesmas a seu pai, Pedro Bernardone. Deste gesto, Francisco não faz menção nos seus *Escritos*, mas o mesmo foi fartamente documentado por seus primeiros hagiógrafos (cf. 1Cel 15; 2Cel 12,1-9; LM II,4; AP 8,1-2; LTC 19-20).

Cada fonte hagiográfica refere-se ao gesto de um modo singular, segundo as suas finalidades principais, contextos históricos e características literárias. Citamos aqui a versão provavelmente mais antiga, a da *Primeira Celano*, escrita logo a após a canonização de Francisco, ocorrida em 1228, a fim de apresentar o novo santo, exaltando suas virtudes:

> E depois que foi conduzido à presença do bispo, não suporta delonga nem hesita a respeito de nada; não espera nem profere palavra, mas imediatamente, tendo deposto e atirado todas as vestes, restitui-as ao pai. Além disso, sem reter sequer os calções, desnuda-se totalmente diante de todos. E o bispo, percebendo a coragem e admirando muito o fervor e firmeza dele, levantou-se imediatamente e, acolhendo-o entre seus braços, cobriu-o com o manto com que estava vestido. Compreendeu claramente que era um desígnio divino e reconheceu que as atitudes do homem de Deus que ele vira pessoalmente continham um mistério. Por esta razão, tornou-se em seguida auxílio para ele e, animando-o e confortando-o, abraçou-o com entranhas da caridade. Eis que agora o nu luta com o nu e, tendo desprezado todas as coisas que são do mundo, lembra-se tão somente da justiça divina. Então, esforça-se por desprezar a própria vida, deixando de lado toda preocupação por ela, de modo que como pobre tinha paz num caminho cercado de insídias, e somente a parede da carne o separava por enquanto da visão de Deus (1Cel 15).

Como fica evidente, o desnudamento de Francisco é interpretado aqui numa perspectiva predominantemente ascética, significando a luta do santo nu contra o seu adversário nu, o demônio, através do desprezo de todas as coisas e de si próprio. Esta mesma linha ascética de interpretação é confirmada pelo próprio Celano em outra biografia do santo que escreveu cerca de quinze anos depois, onde acrescenta que, no momento em que Francisco se despiu, descobriu-se que "trazia um cilício sob as vestes" (2Cel 12,7), informação também reportada pela *Legenda dos Três Companheiros* (cf. LTC 20,4). Boaventura, por sua vez, já em 1262, interpreta o gesto de Francisco numa perspectiva eminentemente cristológica, ao afirmar que "o servo do Rei altíssimo foi deixado nu para seguir o Senhor crucificado nu que ele amava" (LM II,4,7), passando, assim, do demônio nu contra o qual Francisco deve lutar, para o Cristo crucificado nu, a quem ele deseja seguir e imitar[20].

Mais interessante, porém, é perceber como o próprio Francisco se expressa, logo depois de se despir, naquelas fontes em lhe é dada a palavra: "Agora direi livremente: Pai nosso que estais nos céus, não pai Pedro Bernardone, a quem devolvo – eis aqui – não somente o dinheiro, mas entrego também todas as vestes. Portanto, dirigir-me-ei nu para o Senhor" (2Cel 12,5; cf. LM II,4,4; LTC 20,3).

Portanto, a interpretação de Francisco vai numa direção eminentemente teológica, no sentido de que o gesto de despojamento, para ele, representou uma tomada de consciência muito pessoal do significado profundo da paternidade de Deus. Desse modo, como constata Cesare Vaiani, tal gesto configurou-se como uma verdadeira experiência mística e espiritual, no sentido de que Francisco foi colocado num estado em que pôde personificar, ou seja, tornar

---

20. Cf. VAIANI, C. *Teologia e fonti francescane*. Milão: Biblioteca Francescana, 2006, p. 109.

pessoal um enunciado de fé comum a todos os cristãos e cristãs: a paternidade de Deus[21].

Daí por que tal gesto marcou definitivamente a experiência espiritual do Santo de Assis, de sorte que a mesma pode ser definida como um contínuo despojamento, vale dizer, uma contínua desapropriação das coisas, das pessoas e de si próprio que, por sua vez, culminou no momento de sua passagem definitiva para o Pai dos céus quando, mais uma vez, despiu-se de suas vestes, pedindo para ser colocado nu sobre a terra nua (cf. 2Cel 214,6; 217,10). Assim, o despojamento pode ser considerado como uma chave de leitura privilegiada de toda a existência de Francisco[22].

A partir dessa experiência muito pessoal da paternidade divina, a existência de Francisco se transformou sempre mais naquilo que, como vimos, ele indicou a seus irmãos como a prioridade absoluta da Vida Franciscana: "desejar possuir o Espírito do Senhor e seu santo modo de operar", uma vez que consistiu numa busca permanente por viver à semelhança do Pai celeste segundo a qual fomos criados, através do seguimento do Filho por excelência, Jesus Cristo, na força do Espírito Santo. Portanto, da paternidade de Deus, Francisco abre-se sempre mais ao horizonte trinitário da fé cristã.

Atualidade: Papa Francisco

Jorge Mario Bergoglio nasceu em Buenos Aires, aos dezessete de dezembro de 1936, sendo o primogênito dos cinco filhos do casal Mário José Francisco Bergoglio e Regina María Sívori, imigrantes italianos. Na adolescência, diploma-se como técnico químico e, aos

---

21. Cf. ibid., p. 124-125.
22. Sobre isso, cf. o sugestivo estudo em BARTOLI, M. *La nudità di Francesco – Riflessioni storiche sulla spogliazione del Povero di Assisi*. Milão: Biblioteca Francescana, 2018, esp. p. 13-66.

dezessete anos, sente o chamado ao sacerdócio, sendo que, três anos depois, ingressa no Seminário Diocesano de Buenos Aires, em Villa Devoto, dirigido pelos Jesuítas. Depois de um tempo de grande sofrimento causado por uma grave infecção que exigiu a retirada da parte superior do seu pulmão direito, Bergoglio decide tornar-se Jesuíta, ingressando, em 1958, no Noviciado da Companhia de Jesus. Nesta Congregação, ao longo dos anos, exerceu vários serviços: mestre de noviços, professor de Teologia, diretor de colégio, pároco, chegando a ser eleito, em 1973, provincial dos Jesuítas argentinos, cargo que ocupou até 1979.

Em 1992, foi nomeado, por João Paulo II, Bispo Auxiliar de Buenos Aires e, em 1998, Arcebispo Primaz da Argentina. Três anos mais tarde, João Paulo II criou-o cardeal e, no dia treze de março de 2013, foi eleito Papa, assumindo o nome do Santo de Assis. Tal escolha deveu-se ao fato de o cardeal brasileiro, Cláudio Hummes, no momento da sua eleição, tê-lo aconselhado a não se esquecer dos pobres, como ele próprio revelou poucos dias depois:

> Aquela palavra gravou-se-me na cabeça: os pobres, os pobres. Logo depois, associando com os pobres, pensei em Francisco de Assis. Em seguida pensei nas guerras, enquanto continuava o escrutínio até contar todos os votos. E Francisco é o homem da paz. E assim surgiu o nome no meu coração: Francisco de Assis. Para mim, é o homem da pobreza, o homem da paz, o homem que ama e preserva a criação; neste tempo, também a nossa relação com a criação não é muito boa, pois não? Francisco é o homem que nos dá este espírito de paz, o homem pobre... Ah, como eu queria uma Igreja pobre e para os pobres![23]

---

23. Cf. http://www.vatican.va/content/francesco/pt/speeches/2013/march/documents/papa-francesco_20130316_rappresentanti-media.html

Mas a escolha de Bergoglio não se tratou de algo improvisado, pois tal compreensão "franciscana" da Igreja e do ministério papal, de certa forma, foi-lhe sendo preparada desde o ambiente familiar, onde incorporou o valor da austeridade de vida e, especialmente através da avó paterna, Rosa Margarita, aprendeu a rezar e a conhecer a história dos santos, dentre os quais, São Francisco de Assis. O amor preferencial pelos pobres, porém, gravou-se mais fortemente em seu coração quando, no Chile, deparou-se com a extrema pobreza das crianças às quais lecionava religião[24].

Assim, entende-se porque, ao ser encarregado, enquanto Bispo Auxiliar de Buenos Aires, pelo Vicariato de Flores, percorria diariamente as ruas do local, colocando-se à disposição para ouvir e ajudar os sacerdotes e o povo, inaugurando um novo estilo de ser bispo[25]. Neste tempo, sentiu-se fortemente atraído pela figura de São Francisco, razão pela qual foi um dos primeiros na Argentina, em 1993, a assistir o musical *El loco de Asís*, que muito apreciou[26].

Poucos anos depois, quando foi nomeado Arcebispo de Buenos Aires e Primaz da Argentina, recusou-se a comprar roupas novas para sua posse, contentando-se em usar as do seu antecessor, bem como se negou a instalar-se no palácio episcopal, próximo à residência do presidente do país, estabelecendo-se num apartamento da sede da cúria, junto à Catedral Metropolitana. Logo na primeira semana santa que celebrou como Arcebispo, na quinta--feira, visitou um hospital de doenças infecciosas de Buenos Aires e lavou e beijou os pés de doze doentes de Aids. No ano seguinte, foi aos presos do presídio próximo ao Seminário de Villa Devoto, onde havia iniciado sua formação religiosa, que lavou os pés, de

---

24. HIMITIAN, E. *A vida de Francisco*: o papa do povo (Maria Alzira Brum Lemos e Michel Teixeira (trads.). Rio de Janeiro: Objetiva, 2013, p. 16, 18, 39.
25. Ibid., p. 88-89.
26. Ibid., p. 91.

onde retornou para casa de ônibus[27]. E tantos outros exemplos poderiam ser citados para demonstrar como o desejo de uma Igreja no espírito de Francisco de Assis, "pobre para os pobres", não consistiu num vago sonho do Papa Francisco no momento de sua eleição, mas numa realidade que ele vive desde sempre.

No que diz respeito ao tema deste capítulo, a reflexão sobre a espiritualidade foi sempre uma constante na trajetória de Jorge Mario Bergoglio, como o confirmam os títulos dos seus livros: *Meditaciones para religiosos* (1982), *Reflexiones espirituales sobre la vida apostólica* (1986) – ambos profundamente arraigados na espiritualidade inaciana – e *Reflexiones en esperanza* (1992)[28], no qual reflete sobre a esperança como virtude teologal e como pilar da vida cotidiana. Tal reflexão continuou depois que se tornou o Papa Francisco, de modo que o termo "espiritualidade" e outros afins ocorrem frequentemente em seus textos. Não pretendemos, aqui, apresentar um estudo completo sobre o assunto. Limitamo-nos simplesmente a citar alguns poucos exemplos para ilustrar a compreensão geral que o Papa tem da espiritualidade cristã e que, em vários aspectos, sintoniza-se muito com aquela de Francisco de Assis.

Por exemplo, na *Evangelii Gaudium*, primeira encíclica totalmente sua, fala da necessidade de uma evangelização marcada por uma "espiritualidade missionária", que valorize muito a "espiritualidade popular"[29] e que seja realizada "com espírito", vale dizer, a partir daquela "moção interior que impele, motiva, encoraja e

---

27. Ibid., p. 97-99.
28. BERGOGLIO, J.M. *Meditaciones para religiosos*, Bilbao: Mensajero, 2014. • *Reflexiones espirituales sobre la vida apostólica*. Bilbao: Mensajero, 2013. • *Reflexiones en esperanza*. Cidade do Vaticano: Libreria Editrice Vaticana, 2013.
29. EG n. 122-126. Dissemos que foi a primeira encíclica totalmente sua, pois a *Lumen Fidei*, promulgada alguns meses antes, já tinha sido esboçada por Bento XVI; cf. LF n. 7.

dá sentido à ação pessoal e comunitária"[30]. Esta mesma ideia de espiritualidade como motivação interior é retomada na *Laudato Si'*, onde, depois de explanar sobre os tantos desafios que o cuidado da "casa comum" nos coloca, Papa Francisco afirma que os mesmos só poderão ser adequadamente enfrentados através de uma educação e espiritualidade ecológicas que, fundamentalmente, consiste nas "motivações que derivam da espiritualidade para alimentar a paixão pelo cuidado do mundo"[31].

Também na *Amoris Laetitia*, sobre o amor conjugal e familiar, o Papa trata da importância do cultivo da "espiritualidade familiar" para o desenvolvimento do amor entre os esposos e entre todos os membros da família, caracterizando-a sobretudo como uma espiritualidade da comunhão sobrenatural, da oração pascal, do amor exclusivo e libertador, da solicitude, da consolação e do estímulo[32]. Na *Fratelli Tutti*, a mais recente das suas encíclicas, fala de "espiritualidade da fraternidade"[33] e da "dimensão fraterna da espiritualidade", sobre a qual se deve sempre insistir a fim de que sejam neutralizadas as "várias formas de nacionalismo fechado e violento, atitudes xenófobas, desprezo e até maus-tratos àqueles que são diferentes"[34]. Já na *Gaudete et Esultate* que trata sobre como vivermos, hoje, a santidade – outro modo de se falar de espiritualidade –, o Papa nos adverte contra uma das ideologias mais nocivas à fé cristã, o gnosticismo, que "torna-se particularmente enganadora, quando se disfarça de espiritualidade desencarnada"[35]. Esta

---

30. EG n. 261. A propósito, confira-se todo o capítulo V que tem justamente por título: "Evangelizadores com Espírito".
31. LS n. 216. Recomendamos também a leitura de todo o capítulo VI intitulado "Educação e espiritualidade ecológicas".
32. Cf. *Amoris Laetitia*, n. 314-324.
33. Cf. *Fratelli Tutti*, n. 165.
34. Ibid., n. 86.
35. GE n. 40. O gnosticismo, derivado de *gnósis* (conhecimento), representa um conjunto de correntes filosófico-religiosas cristãs surgidas já no primeiro século

e muitas outras ideologias, por sua vez, manifestam-se em "tantas formas de falsa espiritualidade sem encontro com Deus que reinam no mercado religioso atual" e que privam o cristianismo daquela "espiritualidade irradiante" que, dentre outros santos citados pelo Papa, foi também testemunhada por São Francisco de Assis[36].

Por fim, a propósito da espiritualidade segundo o Papa, gostaríamos ainda de destacar uma expressão relativa ao tema mencionada frequentemente por ele e que, no nosso entender, aproxima-o bastante do pensamento de Francisco de Assis: a "mundanidade ou o mundanismo espiritual". Por exemplo, quando da sua primeira visita a Assis, a quatro de outubro de 2013, em sua homilia na Sala do Despojamento, junto ao Palácio Episcopal de Assis, Papa Francisco, recordando o gesto emblemático realizado, ali, em 1206, por Francisco de Assis, falou muito do "espírito do mundo", de "mundanidade espiritual", não no sentido de uma condenação das realidades materiais, mas do "espírito contrário ao espírito das bem-aventuranças, o espírito contrário ao espírito de Jesus"[37].

Ainda no mesmo ano, afirmou sem rodeios que "o mundanismo espiritual, que se esconde por detrás de aparências de religiosidade e até mesmo de amor à Igreja, é buscar, em vez da glória do Senhor, a glória humana e o bem-estar pessoal"[38]. Tal mundanismo está na

---

da era cristã que, não obstante sua multiformidade, consiste fundamentalmente em se considerar uma certa quantidade de conhecimentos e de experiências de fé cristã como absolutos e perfeitos. Cf. BAZAN, F.G. Gnose: In: *Novo Dicionário de Teologia*. São Paulo: Paulus, 2009, p. 248-253. Tal heresia deu lugar a outra, o pelagianismo, de modo que, como explica o Papa, "o poder que os gnósticos atribuíam à inteligência, alguns começaram a atribuir à vontade humana, ao esforço pessoal" (GE n. 48).

36. GE n. 100 e 111.
37. A íntegra da homilia encontra-se em http://www.vatican.va/content/francesco/pt/speeches/2013/october/documents/papa-francesco_20131004_poveri-assisi.html Recorde-se que, em 2017, a igreja junto à sala do despojamento foi elevada à categoria de santuário, passando a se chamar "Santuário do Despojamento".
38. EG n. 93. Note-se que o Papa dedica os n. 93-97 dessa *Exortação* para tratar da questão do mundanismo espiritual.

raiz daquilo que ele chama de "corrupção espiritual", que "é pior do que a queda de um pecador, porque trata-se de uma cegueira cômoda e autossuficiente, em que tudo acaba por parecer lícito"[39]. Aqui, evidencia-se a flagrante contraposição entre as sugestões do Espírito Santo e aquelas do "espírito do mundo ou do maligno", diante das quais torna-se imprescindível, por parte dos crentes, um sério trabalho de discernimento[40].

Trata-se, portanto, de uma contraposição muito semelhante àquela tensão que o *Poverello* estabelece nos seus *Escritos* entre o *espírito do Senhor* – que "quer que a carne seja mortificada e desprezada, vil e abjeta; e procura a humildade, a paciência e a pura, simples e verdadeira paz do espírito; e deseja sempre e acima de tudo o divino temor, a divina sabedoria e o divino amor do Pai e do Filho e do Espírito Santo" (RnB 17,14-16) – e o *espírito da carne*, pelo qual a pessoa "quer e se esforça muito por ter as palavras, mas pouco por fazer as obras, e procura não a religião e santidade interior do espírito, mas quer e deseja ter a religião e santidade que aparecem exteriormente aos homens" (RnB 17,11-12).

Como se pode perceber deste breve apanhado, a biografia e a bibliografia do Papa Francisco estão permeadas por uma intensa busca espiritual e uma grande sensibilidade humana e pastoral, fatores que determinam a sua compreensão da espiritualidade cristã. Desse modo, ele se apresenta hoje como um dos melhores intérpretes da Espiritualidade Franciscana, pois traduz numa linguagem compreensível aos homens e mulheres hodiernos os grandes princípios da proposta espiritual de Francisco de Assis.

---

39. GE n. 165.
40. Cf. ibid., n. 166.

Testemunho: irmã Maria Ivone da Apresentação

Na introdução desse tópico, dizíamos que a expressão "Espírito do Senhor" representa o cerne e a chave de leitura por excelência da Espiritualidade Franciscana. Tal afirmação é corroborada por aquela que, melhor do que ninguém, compreendeu e encarnou o ideal de vida de Francisco, Clara de Assis, para quem também o desejo maior e a prioridade absoluta sempre foi "ter o Espírito do Senhor e sua santa operação" (RSC 10,9), como ela o afirma na Regra *que escreveu às suas irmãs, a primeira na História da Igreja a ser redigida por uma mulher. Por esta razão, solicitamos à irmã Maria Ivone da Apresentação, abadessa do mosteiro Santa Clara de Nova Iguaçu/RJ, que nos relatasse o que ela e suas irmãs, Clarissas de hoje, entendem por desejar "ter o Espírito do Senhor e sua santa operação", a partir do contexto social e eclesial em que vivem. Eis o seu relato:*

Em religião chamo-me irmã Ivone Maria da Apresentação, no civil, Ivone Ribeiro da Silva. Sou natural de Santa Bárbara d'Oeste, interior de São Paulo. Tenho 52 anos, dos quais 24 na religião[41]: os mais felizes da minha vida! Sou muito grata ao bom Deus por ter me dado o dom da vocação. O maior dom, segundo nossa mãe Santa Clara, em seu *Testamento* (cf. TestC 2-3). Quanto ao meu itinerário vocacional, na verdade, nunca pensei em ser religiosa. Sempre sonhei com um casamento feliz. Parece que o Senhor me ouviu direitinho, pois, hoje, estou desposada com Ele!

Uma grande amiga, que se tornou religiosa missionária, sempre me dizia que eu precisava me decidir, que Jesus queria uma resposta minha. Respondi que não sabia por onde começar e ela disse que iria me ajudar. Mandou-me endereços de Mosteiros e Carmelos, pois eu dizia que, se tivesse de ser religiosa, seria da-

---

41. Por religião, irmã Maria Ivone entende a sua Vida Religiosa enquanto Clarissa.

quelas que não saem do Convento. Entre os endereços, havia o do nosso Mosteiro de Santa Clara, em Nova Iguaçu. Quando olhei, me apaixonei, mas tive medo, por ser longe de minha terra natal. Porém, eu sentia que Deus me queria neste Mosteiro. Assim, pedi provas a Ele. Escrevi para um Carmelo, rezando para que não me recebessem, pois o meu coração já estava preso em Nova Iguaçu. E isso aconteceu. A resposta foi negativa e, a minha alegria, total!

Deus abriu-me todas as portas, pois não tinha dinheiro para fazer a viagem. A abadessa do Mosteiro, naquele tempo, a madre Maria Conceição da Imaculada, convidou-me para conhecer o Mosteiro. Mais uma vez falei com o Senhor e mais um sinal me foi dado. Consegui dinheiro de onde jamais imaginava e cheguei ao Mosteiro. Nele vivo há 24 anos. Costumo dizer que São Francisco e Santa Clara me conquistaram à primeira vista. A cada dia me sinto impulsionada a renovar o meu sim, a minha entrega.

O carisma franciscano é algo maravilhoso! Nele aprendi a viver em pobreza e em fraternidade. Somos todos irmãos. Não há maior, nem menor, e sim a fraternidade. Aprendi a viver unida à mãe dulcíssima, alimentando-me da Palavra de Deus lida e contemplada, do mistério de Cristo, da doçura escondida (o Cristo Eucarístico), à qual a mãe Santa Clara se refere em seu epistolário a Inês de Praga (cf. 3In 14). O carisma franciscano nos leva a viver o tripé de nossa fé: o Presépio, a Cruz e a Eucaristia. O Presépio lembra-nos do ser pequenino, menor. A Cruz lembra-nos do aniquilamento e do abandono à vontade do Pai. A Eucaristia lembra-nos da vida, do sustento, da humildade, do silêncio.

Quando, em minhas meditações, penso em Clara, Francisco, Bernardo, Inês, Junípero, Benvenuta, Madre Virgínia[42] e tantos ho-

---

42. Bernardo e Junípero pertencem ao grupo dos primeiros companheiros de São Francisco. Inês refere-se à irmã biológica de Santa Clara que também ingressou no seu mosteiro, seguida, mais tarde, pela própria mãe, Hortolana. Benventura (Benvinda de Perúgia) foi uma irmã que conviveu com Clara e testemunhou no

mens e mulheres que viveram a mesma Forma de Vida que abracei, sinto grande alegria! Como é maravilhoso fazer parte desta grande família. Saber que não estou só! Neste grande carisma somos convidados a desejar ter, acima de tudo, o Espírito do Senhor e seu santo modo de operar. Desde o início da criação até hoje o Espírito do Senhor opera, conduz, como Ele quer. É Ele o condutor de nossas vidas e, de modo muito especial, de nossa Forma de Vida.

Hoje, em meio a tantos sofrimentos, desamor, inconstâncias, num "mundo do descartável" onde nada parece ter valor, nem mesmo a vida, percebo, de modo ainda mais vivo e presente, a ação do Espírito do Senhor: no chamamento de novas e santas vocações, quando alguém bate à nossa porta com alguma doação, quando recebo um sorriso, um "Deus lhe pague" por um serviço prestado a uma irmã mais doente, quando percebo que nenhum dia é igual ao outro, quando meus planos são vencidos pelos planos de Deus, quando cada irmã, de modo bem simples, vai assumindo a própria vocação com amor... Quando olho para a nossa Fraternidade, vejo como o Espírito do Senhor faz maravilhas!

Vivendo numa terra de missão, que é a sofrida Baixada Fluminense, vejo um povo acolhedor: toda a Diocese de Nova Iguaçu com os braços abertos para nós... Em tudo isso vejo o Espírito do Senhor. O Espírito do Senhor com seu santo modo de operar nos impulsiona para frente e não nos deixa desanimar. É Ele quem nos conduz. É preciso acreditar.

O carisma franciscano me fascinou e me fascina ainda hoje, mais do que ontem. Se o mundo soubesse o quanto sou feliz! Impulsionada pelo Espírito do Senhor e seu santo modo de operar, quero e preciso amar o Amor que não é amado. Amemos o Amor que não é amado!

---

seu processo de canonização. Madre Virgínia (Virgínia Brites da Paixão) foi uma Clarissa do século XIX da Ilha da Madeira, donde provêm as irmãs que fundaram o mosteiro de Nova Iguaçu, cujo processo de canonização encontra-se em andamento.

II
Seguimento de Jesus Cristo

No capítulo anterior, dizíamos que a partir de uma tomada de consciência muito pessoal da paternidade de Deus, a experiência espiritual de Francisco foi abrindo-se, sempre mais, à dimensão trinitária da fé cristã. No centro desta experiência, porém, coloca-se a pessoa e a mensagem de Jesus Cristo, como bem o expressa esta que é uma das mais belas orações do *Poverello*:

> Onipotente, eterno, justo e misericordioso Deus, dai--nos a nós, míseros, por causa de vós fazer o que sabemos que quereis e sempre querer o que vos agrada, para que, interiormente purificados, interiormente iluminados e abrasados pelo fogo do Santo Espírito, *possamos seguir os passos de vosso dileto Filho, Nosso Senhor Jesus Cristo*, e, unicamente por vossa graça, chegar a vós, ó Altíssimo, que em Trindade perfeita e unidade simples viveis e reinais e sois glorificado como Deus onipotente por todos os séculos dos séculos. Amém (Ord 50-52).

Como se pode perceber já da própria grafia do texto, a referência a Jesus Cristo coloca-se na parte central da oração, sugerindo a centralidade que Ele ocupava na existência de Francisco, de tal modo que se, por um lado, é correto definir a Espiritualidade Franciscana como trinitária, por outro, deve-se também qualificá-la como cristocêntrica.

Ainda a partir da oração citada, percebe-se que Francisco pede ao "onipotente, eterno, justo e misericordioso Deus" a graça de "seguir os passos" de Jesus Cristo, indicando a importância do seguimento de Cristo na sua espiritualidade, pois, para ele, o Evangelho não significa simplesmente um livro, um conjunto de doutrinas ou um código moral, mas, o testemunho da própria vida de Jesus, uma pessoa com a qual ele se relaciona, convive e caminha.

De fato, enquanto a maioria dos autores medievais fala mais de imitação, Francisco prefere a linguagem do seguimento, uma vez que o termo imitação possui, quase sempre, um significado mais estático, ou seja, um sentido de reprodução externa de gestos e falas que podem, muitas vezes, não afetar a pessoa na sua interioridade. Já o termo seguimento, por sua vez, tem um significado mais dinâmico, incidindo na profundidade do ser humano, enquanto procede de convicções e opções livremente realizadas[43].

Além disso, o conceito de seguimento, relacionado a Jesus Cristo, implica um sentido ainda mais dinâmico, enquanto cria uma tensão positiva entre o(a) discípulo(a) e um mestre que se autodefiniu como "o Caminho" (Jo 14,6), como bem o compreendeu Clara em seu *Testamento* quando afirma que "o Filho de Deus fez-se para nós o Caminho, que nosso bem-aventurado pai Francisco, que o amou e seguiu de verdade, nos mostrou e ensinou por palavra e exemplo" (TestC 5)[44].

Mas vejamos melhor como Francisco nos fala sobre isso nos seus *Escritos*.

---

43. Cf. URIBE, F. *Núcleos del carisma de San Francisco de Asís*. Oñati: Ediciones Franciscanas Arantzazu, 2017, p. 259.
44. Sobre o tema em Clara, remetemos ao excelente texto de Delir Brunelli assim intitulado: *O seguimento de Jesus Cristo em Clara de Assis*. Petrópolis: Vozes/FFB, 1998.

Escritos de Francisco

Já de partida, deve-se dizer que Francisco não usa o substantivo seguimento nos seus *Escritos*, nem conformidade ou imitação. Aos substantivos, ele prefere os verbos, o que revela o seu forte senso prático, o seu modo muito concreto de pensar. Francisco usa bastante o verbo "seguir", por dezenove vezes, quase sempre num sentido cristológico.

Por exemplo, logo no início da *Regra não Bulada*, o *Poverello* afirma que a forma de vida dos Frades Menores consiste em "viver em obediência, em castidade e sem propriedade e em *seguir a doutrina e as pegadas de Nosso Senhor Jesus Cristo*" (RnB 1,1), como que sugerindo que toda a *Regra* deve ser interpretada na perspectiva do seguimento de Jesus Cristo, enquanto proposta de diferentes concretizações do mesmo. Em outras palavras, o que a *Regra* prescreve sobre a oração, o trabalho, o relacionamento entre os irmãos, a missão e tudo o mais tem sempre como razão de ser e finalidade última o seguimento de Jesus Cristo, uma vez que tudo deve ser observado por causa e em vista dele.

Daí por que, para Francisco, o seguimento de Cristo deverá ser sempre o critério por excelência do discernimento a ser feito pelos irmãos, especialmente nos momentos de dúvidas, como ele aconselhou frei Leão a fazer na singela carta que lhe escreveu: "qualquer que seja o modo que te pareça melhor agradar ao Senhor Deus e *seguir suas pegadas e sua pobreza*, que o faças com a bênção de Deus e a minha obediência" (Le 3).

Porém, certamente o texto mais emblemático de Francisco a propósito deste tema é a *Sexta Admoestação* que, por isso, transcrevemos na íntegra:

> Irmãos todos, prestemos atenção ao Bom Pastor que, para salvar suas ovelhas, suportou a paixão da cruz. As ovelhas do Senhor seguiram-no na tribulação e na

perseguição, na vergonha e na fome, na enfermidade e na tentação e em outras coisas mais; e, a partir disso, receberam do Senhor a vida eterna. Daí, é grande vergonha para nós, servos de Deus, que os santos tenham feito as obras, e nós, proclamando-as, queiramos receber a glória e a honra.

Em praticamente todos os manuscritos e traduções dos *Escritos de Francisco* dá-se a esta *Admoestação* o título de *A imitação de Cristo*. Porém, como é sabido, os títulos das *Admoestações* não lhes foram dados por Francisco, e sim pelos copistas. Ademais, no texto não encontramos nenhuma vez o substantivo imitação nem o verbo imitar, mas somente o verbo seguir, de modo que o título mais apropriado para essa *Admoestação* deveria ser: *O seguimento de Cristo*[45].

Independentemente disso, o que nos interessa é o que Francisco ali entende por seguimento. Em primeiro lugar, chamando a atenção para a pessoa de Jesus Cristo apresentado na sugestiva imagem joanina do bom pastor, ou seja, como aquele capaz de dar a vida por suas ovelhas para salvá-las (cf. Jo 10,11), Francisco evidencia a iniciativa divina à qual o seguimento cristão representa a resposta. De fato, assim como a salvação nos foi oferecida pela paixão e morte de Cristo na cruz, para o *Poverello* o seguimento dele se verifica sobretudo nas experiências humanas de sofrimento e de provação, algumas das quais citadas na *Admoestação* (cf. 5,2) que, numa perspectiva de fé, são compreendidas como expressões da cruz de Cristo na vida dos seus discípulos e discípulas.

Portanto, trata-se de uma concepção muito concreta de seguimento, de uma prática – expressa pelo verbo seguir –, realizada sobretudo pelos santos, as verdadeiras "ovelhas do Senhor", vale

---

45. O que foi feito na última edição das *Fontes Franciscanas* em italiano, que o traduziram como: *"La sequela del Signore"* (O seguimento do Senhor). Cf. *Fonti Francescane* (Ernesto Caroli (org.)). Pádova: Editrici Francescane, 2011, p. 111.

dizer, os que seguiram com máxima coerência o exemplo do Bom Pastor. Daí por que, querer receber glória e honra somente por proclamar as obras deles, representa uma grande vergonha, pois significa, de certa forma, recair no pecado original, no desejo de ser como Deus (cf. Gn 3,5), uma vez que "o louvor, a glória e a honra e toda bênção" pertencem ao Senhor e somente a Ele convêm (cf. Cnt 1-2; 1Ct 7; 2Fi 61; Ord 24; ExL 1-2; LH 2)[46].

A propósito desse tema, é interessante perceber que Clara quase sempre acrescenta ao seguimento de Cristo também o de Maria, mãe de Jesus e a discípula por excelência, como podemos perceber claramente no seu *Testamento* quando afirma que a razão principal de ser da nova forma de vida, que o "Senhor Pai gerou em sua Igreja", consiste justamente em "seguir a pobreza e a humildade do seu Filho dileto e da Virgem, sua gloriosa Mãe" (TestC 46; cf. RSC 2,25; 8,6; 12,13).

E pouco antes da morte, como que confirmando o grande testemunho de seguimento de Cristo realizado por Clara e suas irmãs, Francisco reafirma, com toda convicção, aquele que foi sempre o desejo maior do seu coração: *"seguir* a vida e a pobreza de nosso Altíssimo Senhor Jesus Cristo e de sua santíssima mãe e nela perseverar até o fim" (UV 1).

Contextos biográficos: o Evangelho da missão apostólica

Encerramos o tópico anterior falando do grande desejo de seguir Jesus Cristo que Francisco conservou até o fim da vida.

---

46. De acordo com Fernando Uribe, o motivo que inspirou Francisco a proferir esta *Admoestação* pode ter sido, muito provavelmente, o martírio dos primeiros frades em Marrocos, ocorrido em dezesseis de janeiro de 1220, do qual muitos frades se gloriavam, razão pela qual, de acordo com uma antiga *Crônica*, ele teria assim reagido: "Cada um se glorie de seu sofrimento e não do dos outros" (JJ 8). Cf. URIBE, F. Seguir al buen pastor – La Admonición VI de San Francisco. In: *Selecciones de Franciscanismo* 114/XXXVIII (2009), p. 334.

Agora, vamos verificar, nas fontes hagiográficas, a origem desse desejo, estreitamente relacionada com o encontro determinante com a Palavra de Deus na Sagrada Escritura, acontecido nos primórdios do seu processo de conversão.

As fontes hagiográficas primitivas situam tal encontro em dois contextos. Um, no qual Francisco, sozinho, na Igreja da Porciúncula, escuta o Evangelho do envio dos apóstolos em missão (cf. LTC 25,1-7; 1Cel 22; LM III,1). Outro, no qual ele lê, junto com os seus primeiros companheiros, na Igreja de São Nicolau, passagens evangélicas relativas às exigências do seguimento radical de Jesus Cristo (cf. AP 11; LTC 29; 2Cel 15; LM III,3). Dada a provável precedência cronológica das narrações do primeiro grupo, transcrevemos aqui o relato feito por frei Tomás de Celano, na *Primeira Vida*, mais rico em detalhes do que os dos outros hagiógrafos:

> Mas, num certo dia, quando se lia na mesma igreja o Evangelho sobre como o Senhor enviara seus discípulos a pregarem, estando presente o santo de Deus, como tivesse entendido de alguma forma as palavras do Evangelho, depois que se celebraram as solenidades da missa, ele suplicou humildemente ao sacerdote que lhe fosse explicado o Evangelho. Depois que este lhe expôs tudo por ordem, ouvindo São Francisco que os discípulos de Cristo não deviam possuir ouro ou prata ou dinheiro, não levar bolsa nem alforje nem pão nem bastão pelo caminho nem ter calçados nem duas túnicas, mas pregar o reino de Deus e a conversão, exultando imediatamente no espírito de Deus, disse: "É isto que eu quero, é isto que eu procuro, é isto que eu desejo fazer do íntimo do coração". Por conseguinte, apressa-se de alegria, em cumprir o salutar conselho e não suporta demora alguma, mas começa devotamente a colocar em prática o que ouviu (1Cel 22,1-4).

Não obstante as diferenças de contextos e de redação entre esta citação de Celano e as das outras fontes hagiográficas, trata-se de narrativas não contrapostas, mas, complementares, cujos núcleos consistem, fundamentalmente, no encontro entre a Palavra de Deus e o desejo do coração humano. Nesse sentido, são muito significativas as exclamações quase idênticas, tanto de Francisco individualmente como dele junto com os companheiros, que encontramos ao final de cada grupo de relatos formuladas mais ou menos assim: "É isto que eu quero, é isto que eu procuro, é isto que eu desejo fazer do íntimo do coração" (1Cel 22,3), e: "Eis o que desejávamos, eis o que procurávamos" (AP 11,4).

Portanto, Francisco e seus primeiros companheiros consideravam as palavras do Evangelho, pelas quais o próprio Cristo os chamava a segui-lo e a anunciar o Reino de Deus, como a grande resposta à busca de verdadeiro sentido para a vida de cada um deles e de todos eles juntos. Não se tratava, portanto, de repropor aquele ideal de vida comunitária das primitivas comunidades cristãs, já assumido sobretudo pelo monaquismo[47], mas de retornar a um modo de vida ainda mais original: a *forma vitae apostolorum*, isto é, a vida mesma de Cristo com os apóstolos.

Essa forma de vida, inspirada sobretudo no Evangelho da missão apostólica ouvido por Francisco, aponta para algumas dimensões fundamentais do seguimento de Cristo inaugurado por ele. Em primeiro lugar, para a dimensão teológico/cristocêntrica, ou seja, para a primazia da iniciativa divina, significada pelo envio

---

47. De fato, as passagens dos Atos dos Apóstolos que falam do alto ideal de comunhão vivido pelos primeiros cristãos (cf. At 2,44-45; 4,32-34) inspiraram muito a vida monástica, o que se verifica, por exemplo, nas *Regras* de São Basílio Magno (cf. *As Regras Monásticas* (Hildegardis Pasch e Helena Nagem Assad (trads.)). Petrópolis: Vozes, 1983, p. 58-61, 98-100, 175-176; 192, 194, 200, 219, 250), de Santo Agostinho (cf. *A Regra de Santo Agostinho*. Apresentação e comentários de Clodovis Boff. Petrópolis: Vozes, 2009, p. 24-27, 53-70) e de São Bento (cf. *A Regra de São Bento* (Dom João Evangelista Enout (trad.)). 4. Ed. Rio de Janeiro: Lumen Christi, 2018, p. 23, 90, 91, 126).

missionário feito por Jesus Cristo aos apóstolos que, por sua vez, pressupõe o chamado ao seu seguimento. Também para as dimensões eclesial – manifestada pela pessoa do sacerdote que, ora abre o livro, ora interpreta as passagens evangélicas – e minorítica[48], presentes nas várias recomendações feitas por Jesus aos apóstolos a se despojarem de todos os bens e seguranças materiais. Enfim, aponta para as dimensões fraterna e missionária expressas no mandato de anúncio do Reino e da paz que os apóstolos devem realizar não individualmente, mas dois a dois. Tais dimensões explicam por que desde a origem vigora, na Espiritualidade Franciscana, uma unidade indissolúvel entre vocação e missão, entre vida evangélica e missão evangelizadora.

Concluindo, podemos dizer que a passagem evangélica da missão apostólica, complementada com aquelas das exigências do seguimento radical de Cristo, foi como que a semente que continha potencialmente a frondosa árvore na qual se tornou a Ordem e toda a Família Franciscana. Isto explica por que, já naqueles primeiros encontros com o Evangelho, Francisco pôde afirmar com tanta convicção: "Irmãos, esta é a nossa vida e regra e a de todos os que quiserem unir-se à nossa companhia" (LTC 29,8; cf. AP 11,5; LM III,3,9) e, no final da vida, mantendo a mesma convicção, pôde declarar: "ninguém me mostrou o que deveria fazer, mas o Altíssimo mesmo me revelou que eu deveria viver segundo a forma do santo Evangelho" (Test 14).

Atualidade: Leonardo Boff

Leonardo Boff, nascido aos quatorze de dezembro de 1938, em Concórdia/SC, e batizado com o nome de Genésio Darci Boff, possui uma fortíssima relação com a Espiritualidade Franciscana.

---

48. Relativa à minoridade franciscana, sobre a qual refletiremos mais adiante.

De fato, desde a mais tenra infância, teve contato com os frades franciscanos que atendiam pastoralmente a sua terra natal[49] e, desde cerca dos dez anos, foi formado humana e academicamente dentro da Ordem dos Frades Menores, na qual ingressou em 1959, recebendo o nome de frei Leonardo[50].

Em 1970, doutorou-se em Teologia e Filosofia na Universidade de Munique (Alemanha) e, durante 22 anos, foi professor de Teologia Sistemática e Ecumênica no Instituto Teológico Franciscano de Petrópolis/RJ, além de lecionar em vários centros de estudos e universidades brasileiras e estrangeiras. Recebeu o título de Doutor *Honoris Causa* em Política pela Universidade de Turim (Itália) e em Teologia pela Universidade de Lund (Suécia), além de vários prêmios no Brasil e no exterior por conta de sua luta em favor dos Direitos Humanos. Em 2001, foi condecorado com o Prêmio Nobel Alternativo, em Estocolmo, na Suécia.

Leonardo é um dos maiores representantes daquela reflexão teológica que articula o patrimônio da fé cristã com a indignação pela situação de opressão e marginalização dos pobres, conhecida como Teologia da Libertação, tendo coordenado, de 1970 a 1985, a coleção *Teologia e Libertação*, da Editora Vozes. Sobretudo por conta de certas teses do livro *Igreja: carisma e poder*[51], em 1985, foi deposto de suas funções editoriais e magisteriais e submetido a um ano de silêncio obsequioso.

---

49. A propósito, na coletânea de homenagens feitas a Leonardo por ocasião dos seus oitenta anos de vida, sua irmã, Íris Boff, confidencia o interessante episódio em que o menino Genésio, assustado por pesadelos, foi levado por sua mãe ao franciscano capelão da Vila, frei Helvico, para receber uma bênção. Cf. ARROCHELAS, M.H.; BARROS, M. (orgs.). *Ternura cósmica* – Leonardo Boff, 80 anos. Petrópolis: Vozes, 2018, p. 24.
50. Segundo o costume de mudança de nome que, à época, vigorava nas Ordens Religiosas.
51. BOFF, L. *Igreja: carisma e poder*: ensaios de eclesiologia militante. Ed. rev. Rio de Janeiro: Record, 2005.

Em 1992, renunciou ao estado clerical e religioso e, em 1993, depois de ter prestado concurso, foi aprovado como professor de Ética, Filosofia da Religião e Ecologia na Universidade do Estado do Rio de Janeiro (Uerj), dando continuidade, assim, a suas atividades de professor, além das de escritor, conferencista e assessor de movimentos sociais de caráter popular e libertador[52]. Grande admirador de Francisco de Assis, Leonardo tem se dedicado ininterruptamente a questões caras ao franciscanismo, como a ética social e o cuidado da criação, o que se comprova por muitos dos seus títulos[53].

Dentre os seus textos que tratam mais propriamente da Espiritualidade Franciscana, destaca-se a obra *Francisco de Assis: ternura e vigor*, verdadeiro clássico, editado pela primeira vez no Brasil em 1981 e, hoje, já na 13ª edição[54]. Nessa obra, fundamentado nas *Fontes Franciscanas* e à luz de recentes contribuições das ciências humanas, sociais e teológicas, Leonardo concebe o Santo de Assis como um homem pós-moderno, um grande exemplo de opção preferencial pelos pobres e o criador de uma igreja popular e pobre[55]. Tudo isso foi possível porque, segundo o nosso autor, o *Poverello* foi um homem verdadeiramente livre, vale dizer, libertado de todo espírito de dominação e de vingança, de modo que ele "anima todos os verdadeiros processos de libertação que buscam, pela ação solidária, criar e alargar o espaço da liberdade"[56].

---

52. Para essas informações biográficas de Leonardo Boff e outras, cf. https://leonardoboff.org/biografia/

53. Dentre os tantos que poderiam ser citados, destacamos: Ética e ecoespiritualidade. Petrópolis: Vozes, 2011. • *Ecologia* – Grito da terra, grito dos pobres. 3. ed. São Paulo: Ática, 1995. • *Saber cuidar – Ética do humano, compaixão pela terra*. 20. ed. Petrópolis: Vozes, 2014. • Ética e moral: a busca dos fundamentos. 9. ed. Petrópolis: Vozes, 2014.

54. BOFF, L. *São Francisco de Assis: ternura e vigor* – Uma leitura a partir dos pobres. 13. ed. Petrópolis: Vozes, 2012.

55. BOFF, F. *São Francisco de Assis: ternura e vigor*... Op. cit., p. 41-149, 189-229.

56. Ibid., p. 188.

A esta obra, acrescenta-se o texto ricamente decorado por Nelson Porto: *Francisco de Assis, homem do Paraíso*[57], bem como o sugestivo comentário à chamada "Oração de São Francisco"[58]. Entusiasta do Papa Francisco, já no primeiro ano do seu pontificado, Leonardo traçou interessantes paralelos entre o Francisco de Assis e o Francisco de Roma, pois, para ele, "Francisco não é um nome, é um projeto de Igreja, pobre, simples, evangélica e destituída de todo o aparato"[59].

Entretanto, percorrendo-se a vasta bibliografia de Boff, percebe-se o seu constante interesse pela cristologia, o que, por sinal, denuncia o seu espírito profundamente franciscano, pois, como vimos, a pessoa de Jesus Cristo constituiu-se no centro dos afetos, pensamentos e práticas de Francisco de Assis. De fato, à questão cristológica Leonardo dedica vários artigos e livros, dentre os quais nos limitamos a destacar os seguintes títulos: *Jesus Cristo libertador, Ressurreição de Cristo: a nossa ressureição na morte, O Evangelho do Cristo cósmico* e *Cristianismo: o mínimo do mínimo*[60]. Em sua cristologia, tal como o *Poverello*, Boff confere uma especial ênfase à encarnação e à páscoa de Cristo, como se pode verificar nas suas obras impregnadas de poesia sobre o

---

57. BOFF, L. *Francisco de Assis*: homem do Paraíso. Petrópolis: Vozes, 1985.
58. Na verdade, como já observara o grande editor dos *Escritos de São Francisco*, Caetano Esser, trata-se da oração de um autor desconhecido do início século XX, posteriormente atribuída a São Francisco (cf. ESSER, C. *Opuscula sancti patris Francisci Assisiensis*. Roma: Editiones Collegii S. Bonaventurae, 1978, p. 43), publicada pela primeira vez em 1913, em uma revista da Normandia, na França; cf. BOFF, L. *A oração de São Francisco*: uma mensagem de paz para o mundo atual. 4. ed. Petrópolis: Vozes, 2014, p. 16.
59. BOFF, L. *Francisco de Assis, Francisco de Roma*: a irrupção da primavera? Rio de Janeiro: Mar de Ideias, 2013, p. 28.
60. BOFF, L. *Jesus Cristo libertador* – Ensaio de cristologia crítica para o nosso tempo. 21. ed. Petrópolis: Vozes, 2012. • *Ressurreição de Cristo*: a nossa ressureição na morte. 11. ed. Petrópolis: Vozes, 2012. • *O Evangelho do Cristo cósmico*. Petrópolis: Vozes, 1971 [esgotado – reeditado pela Record, Rio de Janeiro, 2008].
• *Cristianismo*: o mínimo do mínimo. Petrópolis: Vozes, 2011.

Natal e naquelas com fortes apelos antropológicos e existenciais sobre a cruz e a ressurreição[61].

Mais especificamente a propósito do tema do seguimento de Cristo, em 2016, Boff retraduziu o clássico da espiritualidade cristã: *Imitação de Cristo*, obra-prima da *Devotio Moderna*[62], acrescentando-lhe uma nova parte intitulada justamente de *Seguimento de Jesus nos caminhos da vida*[63]. Boff justifica este acréscimo em virtude da *Devotio Moderna Contemporânea*, vale dizer, da nova sensibilidade espiritual e teológica nascidas, sobretudo, a partir dos impulsos do Concílio Vaticano II e das contribuições das ciências contemporâneas sobre o mundo, a vida e o ser humano.

No entanto, Leonardo não contrapõe o Cristo da *Imitação* que "é aquele que fala à interioridade humana", ao Jesus do *Seguimento* "que fala às multidões", mesmo que com nuanças diferentes, como afirma enfaticamente:

> Trata-se sempre do mesmo e único Jesus Cristo, morto e ressuscitado, que nos acompanha em nossa cami-

---

61. Sobre o Natal, destacamos: *Natal: a humanidade e a jovialidade de nosso Deus*. 8. ed. Petrópolis: Vozes, 2009. • *Sol da esperança* – Natal: histórias, poesias e símbolos. Rio de Janeiro: Mar de Ideias, 2007. Sobre a cruz e a ressureição, cf. *Paixão de Cristo, paixão do mundo*. 7. ed. Petrópolis: Vozes, 2012. • *A cruz nossa de cada dia*. Petrópolis: Vozes, 2012. • *A nossa ressurreição na morte*. 11. ed. Petrópolis: Vozes, 2012. • *Vida para além da morte*. 11. ed. Petrópolis: Vozes, 2012. • *O destino do homem e do mundo*. 12. ed. Petrópolis: Vozes, 2012. • *Ovo da esperança*: o sentido da Festa da Páscoa. Rio de Janeiro: Mar de Ideias, 2007.

62. Como o próprio Leonardo esclarece na explicação introdutória da obra, trata-se de uma "corrente espiritual que predominou no final da Idade Média e no começo da Moderna; mais exatamente, por volta do século XIV, e prosperou nos Países Baixos. Ela recebeu o nome de *Devotio moderna* (Devoção Moderna), pois não se restringia aos religiosos e religiosas dos claustros, mas se difundiu largamente entre os leigos e letrados da época [...]. A *Devotio moderna* se caracteriza fundamentalmente pela busca séria da vida interior, centrada no encontro e no diálogo com Cristo, focalizando especialmente sua cruz, paixão e morte. Essa espiritualidade separava fortemente Deus e mundo, espírito e matéria, tempo e eternidade, interior e exterior, vida secular e vida religiosa com uma forte depreciação do mundo, de suas atrações e de seus prazeres" (DE KEMPIS, T.; BOFF, L. *Imitação de Cristo e seguimento de Jesus*. Petrópolis: Vozes, 2016, p. 6).

63. Ibid., p. 211-282.

nhada espiritual, na viagem rumo ao próprio coração e no percurso pelo mundo na direção do Reino de Deus que já se realiza agora, mas cuja plenitude somente se concretizará na eternidade[64].

Assim, depois de refletir profundamente sobre os textos bíblicos que, segundo o autor, melhor expressam e sintetizam o projeto de Jesus para a humanidade: a oração do Pai-nosso e o discurso das Bem-aventuranças, Boff lapidarmente define o que entende por seguimento: "seguir Jesus é assumir sua causa, viver seu exemplo de vida, participar de seus riscos e eventualmente aceitar o seu destino"[65].

Testemunho: frei Gino Alberati

Frei Gino Alberati, da Ordem dos Frades Menores Capuchinhos, nasceu em Magione, a uns quarenta quilômetros de Assis, em 1941. Ainda adolescente, ingressou no Seminário Menor dos Capuchinhos da Úmbria e, depois de percorrer todo o itinerário formativo, chegou em Manaus, no dia 7 de março de 1970. Frei Gino colocou-se sempre à disposição para os mais diversos serviços: missões populares, pastoral paroquial, formação de postulantes e noviços, coordenador da então Vice-província dos Frades Menores Capuchinhos do Amazonas e Roraima e, por cinco anos, secretário da formação da sua Província, na Itália. Por conta de sua dedicação ao longo desses cinquenta anos ao povo amazonense – especialmente às comunidades ribeirinhas e aos povos indígenas, em particular às tribos Ticuna e Cokama –, aos dez de fevereiro de 2017, frei Gino foi homenageado pelo governo estadual com o título de "Cidadão do Amazonas". Acompanhemos o seu testemunho, no qual, com

---

64. Ibid., p. 10-11, 14.
65. Ibid., p. 247.

muita singeleza, frei Gino nos fala de como vive o seguimento do Cristo missionário naquela que o Papa Francisco chama de "Querida Amazônia"[66].

Nasci numa família profundamente católica e franciscana. Meus avós paternos e meus pais foram franciscanos seculares, sendo que meu avô serviu o Papa Leão XIII, então arcebispo de Perúgia. Além disso, tive uma tia que foi irmã Clarissa e três primas também religiosas. Na família éramos 22 membros e rezávamos o terço todos os dias.

Quando entrei no Seminário, ainda muito jovem, tive a certeza de que, a partir daquele momento, minha família seria a humanidade que encontraria. Porém, uma coisa que me entristecia era perceber as divisões entre as congregações religiosas e também entre os franciscanos. Por isso, ao longo da minha vida religiosa e presbiteral, sempre procurei trabalhar em unidade com todos: bispos, padres, religiosos(as) e o povo de Deus.

Numa ocasião, ainda no Seminário Menor, um missionário capuchinho falou-nos sobre a missão na Amazônia: fiquei como que anestesiado pela alegria de ser missionário, tanto que, trabalhando no jardim do seminário, tendo uma pedra caído sobre meu pé, nem senti dor. No período final da formação, durante a teologia, estudei também canto no conservatório da cidade. Porém, faltando apenas três anos para concluir tal curso, fui chamado a Roma para me preparar para a missão: portanto, "perdi" o canto para "ganhar" a missão.

Estando já em Roma, em 1969, fiz o curso de enfermagem num hospital, o que me foi muito útil depois na futura missão. Também fizemos um encontro da chamada "Operação África", uma iniciativa

---

[66]. Título da *Exortação Apostólica* escrita pelo Papa Francisco, em 2020, logo após o Sínodo para a Amazônia, ocorrido em 2019.

missionária para aquele continente. Mas meu coração já estava na Amazônia. Porém, não queira que a vinda para o Brasil fosse algo forçado. Assim, naqueles tempos pós-conciliares em que se questionava muito o voto de obediência, coloquei-me à disposição dos meus superiores para onde decidissem me enviar. Para minha alegria, fui designado para a missão na Amazônia.

A propósito, para mim, ser missionário significa, sobretudo, buscar fazer a vontade de Deus, colocando-me à disposição da obediência, pois isso nos dá um espírito universal e permite com que Deus faça da nossa vida uma aventura maravilhosa. Por isso, nunca questionei os meus superiores: onde me pedem para ir, eu vou. Sou mais um frade "tapa-buracos". Como eu disse por ocasião da homenagem que recebi do Estado do Amazonas: "O importante para nós franciscanos é caminhar para a fraternidade com dimensão missionária".

Em São Francisco, além desse espírito de fraternidade universal, sempre me chamou a atenção o seu despojamento, no qual procuro me inspirar. Por conta disso, posso dizer que não encontrei dificuldades de adaptação no Brasil, pois procuro sempre perceber a presença de Cristo em todos e, nas dificuldades, a presença da sua cruz que, abraçada, nos leva à alegria da Ressurreição.

Ao longo de todos esses anos tenho sentido sempre muito forte a providência de Deus na minha vida e missão, livrando-me de tantos perigos nas viagens e, em 2005, com a chegada de um barco melhor doado pela AIS (Ajuda à Igreja que Sofre), com o qual, ao longo de dois anos, visitamos cerca de quarenta comunidades indígenas Ticunas e Cokamas na região do Alto Solimões, levando formação religiosa e humana a essas e a muitas outras comunidades.

Por tudo isso, repito com São Francisco: "Louvado sejas, meu Senhor!"

Testemunho: frei Diego Atalino de Melo

Do interior do Amazonas, passamos agora ao testemunho de missão no mundo urbano de frei Diego Atalino de Melo, nascido em Lages/SC, em 1983. Frei Diego ingressou na Ordem dos Frades Menores em 2004 e foi ordenado presbítero em 2012. De 2012 a 2021, trabalhou no Serviço da Animação Vocacional da Província Franciscana da Imaculada Conceição do Brasil, atuando principalmente com as juventudes, através de missões, retiros e caminhadas. Também foi coordenador nacional do Serviço de Animação Vocacional da Conferência dos Frades Menores do Brasil, de 2016 a 2018. É bacharel em Filosofia e Teologia e mestrando em Teologia Sistemático-pastoral pela PUC-Rio. Colaborou no livro Formação: desafios morais, *escrevendo o capítulo intitulado "Empenho pastoral: formar-se tocando as feridas da humanidade sofrida"*[67]. *Atualmente, frei Diego exerce o serviço de reitor do Santuário de São Frei Galvão, em Guaratinguetá/SP.*

Ainda adolescente, com aproximadamente quinze anos, participava de um grupo de jovens na minha cidade natal, em Lages/SC. Aos domingos, ajudávamos na liturgia do Convento Franciscano, onde tive o primeiro contato com os Frades Menores. No idealismo da idade, questionava-me sobre que futuro seguir, o que fazer da minha própria vida, qual vocação abraçar. Foi então que, conhecendo a fraternidade franciscana, fui encontrando as respostas que procurava, ao mesmo tempo em que surgiam tantas outras inquietações.

Olhava aqueles frades simples, atenciosos, piedosos e profundamente conectados com a realidade à sua volta, e perguntava-me

---

67. MELO, D.A. Empenho pastoral: formar-se tocando as feridas da humanidade sofrida. In: TRASFERETTI, J.A.; MILLEN, M.I.C. & ZACHARIAS, R. (orgs.). *Formação*: desafios morais. Vol. 2. São Paulo: Paulus, 2020, p. 375-392.

onde estava a inspiração para aquilo tudo. Com o tempo, e lendo uma biografia clássica de São Francisco de Assis, de Maria Sticco, foi que finalmente entendi que aqueles homens de marrom, que às vezes também andavam de calça *jeans* e camiseta, tinham a sua inspiração no *Poverello* de Assis. Em síntese, posso dizer que foram os frades que me apresentaram São Francisco de Assis. Foi a vida real e concreta da fraternidade que me encantou e, através da prática, descobri os fundamentos teóricos da Espiritualidade Franciscana. Portanto, conheci São Francisco por meio do testemunho dos freis.

Escrevo isso com lágrimas nos olhos e o coração palpitante, pois esse foi o início de uma paixão que me motiva até os dias de hoje. Lembro-me que, lendo aquele livro, pensava comigo mesmo: é isso que realmente preenche a minha vida, é esse estilo de vida que eu quero seguir pelo resto dos meus anos e é por essa causa que eu quero me consumir inteiramente.

No entanto, tinha e ainda tenho muito medo de perder esse ardor vocacional. Muitos me diziam que, à medida que eu adentrasse na Ordem Franciscana e fosse conhecendo as suas estruturas a partir de dentro, iria me decepcionar; que, com o tempo, eu iria ver que o ideal franciscano é utópico demais e que as coisas não seriam bem assim como eu, no idealismo de um adolescente, acreditava.

Hoje, tendo-se passado mais de vinte anos desde aquele primeiro encontro, reitero que ainda sinto o frescor e a emoção daquele primeiro amor. Digo com toda a certeza que São Francisco de Assis continua presente nos frades e leigos que seguem a sua mesma inspiração. Afirmo que a sua proposta continua mais atual do que nunca e que se torna sempre mais urgente para o mundo de hoje.

Creio que a Espiritualidade Franciscana, que um dia me trouxe para a Vida Religiosa, é sinônimo de doação irrestrita ao Senhor, de entrega pelo Reino e de amor aos mais simples, pobres e desprezados. Essa espiritualidade me leva a perceber o sagrado que se revela no cotidiano: um Deus encarnado e profundamente humano. Além disso, como Francisco de Assis é daquelas figuras que não nos deixa acomodar, sossegar ou instalar, ser seu seguidor significa estar numa constante busca de aperfeiçoamento. Ser Franciscano, portanto, é ser alguém que experimenta aquela paz inquieta que nos desafia a dar o melhor de nós mesmos para Deus e para a humanidade, entregando-nos totalmente Àquele que totalmente se nos dá (cf. Ord 29).

Ao olhar para a vida de São Francisco de Assis e para a maneira como ele viveu a missão, o despojamento e a itinerância, vou percebendo que tais realidades, quando vividas e experimentadas, têm o poder de atrair as pessoas, encantar os corações e fascinar os jovens. Ao longo do trabalho no Serviço de Animação Vocacional na Província, pude experimentar a alegria de fazer-me um seguidor de Jesus Cristo nas mais diferentes realidades do nosso território provincial e fora dele. No entanto, sempre pensei que a beleza da missão não pode ficar restrita a um pequeno grupo, muitas vezes formado por religiosos(as) ou padres, pois ser missionário é um imperativo para todo cristão batizado.

Assim, com o intuito de transmitir a beleza desse carisma a outras pessoas, principalmente aos jovens com os quais trabalhava no Serviço de Animação Vocacional, procurei levá-los à experiência da grandiosidade da missão, da simplicidade e da itinerância. Acredito que a prática, a missão real, o contato com as pessoas, o estar entre os mais pobres e o assumir a dor e a posição do(a) outro(a) têm um impacto tão forte em nossas vidas que, a partir dessa experiência, pode nascer em nós uma sincera conversão, uma mudança de mentalidade, uma transformação interior e exterior.

Olho para São Francisco e vejo que foi exatamente isso que aconteceu na sua vida. Ele entende o que significa um Deus que se faz chagado por amor quando está entre os chagados do seu tempo, os leprosos. Entende o que significa misericórdia quando experimenta o pecado do irmão e as suas próprias fragilidades. Compreende o que é fraternidade quando acolhe os irmãos que o Senhor lhe dá. Descobre o valor do perdão e da reconciliação quando precisa mediar o conflito entre o Bispo e o prefeito de Assis. Em poucas palavras, é no contato com as situações reais e cotidianas que São Francisco vai descobrindo e aprofundando a sua própria fé e espiritualidade.

Assim, a missão e a itinerância franciscanas são, antes de tudo, um modo de vida. Trata-se de uma maneira de estar no mundo, de assumir a própria vocação e de colocar-se a serviço. Mais do que uma atividade pontual ou experiências esporádicas, ser um missionário itinerante é colocar-se na dinâmica de um constante recomeçar, deixando-se guiar pela liberdade que nasce do Espírito e que suscita uma verdadeira criatividade pastoral.

III
Contemplação

Como vimos acima, Francisco de Assis contribuiu muito para a recuperação de uma cristologia do seguimento de Cristo, e o fez, sobretudo, vivendo ele próprio e propondo aos seus irmãos e irmãs uma forma de vida marcada pela itinerância, pela missionariedade. Prova disso são os constantes deslocamentos de Francisco e de seus companheiros por toda a Itália e por outras regiões (Alemanha, Espanha, Marrocos, Síria, Egito, Terra Santa etc.), bem como o fato de a sua ser a primeira regra de Vida Religiosa a se ocupar explicitamente da evangelização, tanto dos cristãos como dos não cristãos, à época chamados de infiéis[68]. Portanto, o estilo e a regra de vida de Francisco caracterizam aquela forma de Vida Religiosa Cristã que, com o passar do tempo, foi sendo classificada em termos gerais como "ativa", em comparação com a vida monástica, *grosso modo* definida como "contemplativa".

Porém, a partir de uma leitura atenta das *Fontes Franciscanas*, percebe-se que é um tanto quanto equivocado classificar a proposta franciscana simplesmente como ativa. De fato, se as

---

68. Cf. URIBE, F. *La Regola di San Francesco* – Lettera e Spirito. Bolonha: Dehoniane, 2011, p. 306. Isso fica mais evidente sobretudo nos capítulos doze da *Regra Bulada* e dezesseis da *Regra não Bulada*, que levam o seguinte título: "Os que vão para o meio dos sarracenos e outros infiéis". Sarracenos era a palavra usada, no tempo de Francisco, para se referir aos muçulmanos. A menção explícita deles parece indicar a especial deferência que ele tinha pelos mesmos.

Fontes testemunham a intensa atividade missionária de Francisco, também comprovam o quanto ele buscava refúgio em lugares solitários, onde pudesse se entregar mais livremente à oração e à contemplação, como, por exemplo, os eremitérios de Carceri e de Greccio, as celas de Cortona e o Monte Alverne. Tal experiência foi tão frequente nos primeiros tempos entre os irmãos que Francisco chegou a escrever uma regra própria para os que querem viver nos eremitérios[69].

Desse modo, como bem demonstrou Pietro Messa, a dúvida que, segundo certas fontes hagiográficas, abateu-se sobre Francisco e os seus primeiros companheiros sobre "se deveriam conviver no meio dos homens ou recolher-se em lugares solitários" (1Cel 35,5; cf. LM IV,2,1; XII 1,1-3; Fior 16), constitui-se num falso dilema, pois, para eles, não se tratava propriamente de *alternativa* entre uma coisa e outra, mas, de viver segundo a forma do Santo Evangelho (cf. RB 1,2; RnB 1,1), o que, necessariamente, comportava a *alternância* entre tempos de busca de Deus na solidão dos eremitérios e de apostolado itinerante nas cidades[70].

Por tudo isso, a fim de respeitarmos a verdade histórica, acreditamos que o seguimento de Cristo em Francisco deva ser qualificado não somente como "itinerante" e "missionário", mas também como "contemplativo", razão pela qual pensamos ser importante dedicarmos algumas páginas para tratar do tema da contemplação na espiritualidade do *Poverello*.

---

69. Cf. FF, p. 186-187.
70. Cf. MESSA, P. *Frate Francesco*: tra vita eremitica e predicazione. Assis: Porziuncola, 2001, p.140-141. A propósito da mesma questão, cf. tb. O interessante estudo de Grado Giovanni Merlo que leva justamente este título: *Tra eremo e città*. Assis: Porziuncola, 1991.

Escritos de Francisco

Diferentemente de Clara de Assis, que fala com certa frequência de contemplação nas suas *Cartas a Inês de Praga* (cf. 2In 19-20; 3In 13, 4In 11.19-26.28), Francisco menciona essa palavra somente uma única vez quando, na *Primeira Admoestação*, estabelece este interessante paralelo entre a nossa relação com Jesus e aquela dos apóstolos:

> E assim como eles com a visão do corpo só viam a carne dele, mas, contemplando-o com olhos espirituais criam que é Deus, do mesmo modo também nós, vendo o pão e o vinho com os olhos do corpo, vejamos e creiamos firmemente que é vivo e verdadeiro o seu santíssimo corpo e sangue (Ad 1,20-21).

Fica evidente aqui que, para o Santo de Assis, a condição fundamental para a contemplação são os "olhos espirituais", vale dizer, a capacidade de olhar para tudo – e não somente para o sacramento da Eucaristia – com os olhos do espírito, o que se relaciona muito com o que vimos no primeiro tema quando recordamos que, nessa mesma *Admoestação*, Francisco também afirma que "o espírito do Senhor, que habita em seus fiéis, é que recebe o santíssimo corpo e sangue do Senhor" (Ad 1,12). Assim, contemplar é olhar para a realidade com os "olhos" de Deus que vamos adquirindo na medida em que nos assemelhamos a Ele, ao seu modo de ser, ao seu espírito.

No entanto, se não fala muito de contemplação, Francisco utiliza-se de várias outras palavras que dizem respeito à dimensão contemplativa da vida cristã, tais como: adoração, busca, honra, serviço, louvor etc. Tudo isso, porém, não pode reduzir-se simplesmente a gestos exteriores e superficiais, mas deve ser realizado com "o coração e mente puros", ou seja, deve acontecer a partir do centro de unidade da pessoa (coração) e da sua capacidade de abertura ao divino (mente), como nos adverte o santo nestas passagens:

> São verdadeiramente puros de coração os que desprezam as coisas terrenas, buscam as celestes e nunca desistem de adorar e de procurar o Deus vivo e verdadeiro com o coração e mente puros (Ad 16,2).
> Mas, na santa caridade que é Deus, rogo a todos os irmãos, tanto aos ministros como aos outros, que, removido todo impedimento e todo cuidado e postergada toda preocupação, do melhor modo que puderem, esforcem-se por servir, amar, honrar e adorar o Senhor Deus com o coração limpo e com a mente pura, pois é isto que ele deseja acima de tudo (RnB 22,26; cf. Ad 16,2).

Entretanto, parece-nos que é sobretudo através do binômio "oração e devoção" que Francisco alude à dimensão contemplativa do seguimento de Cristo que ele propõe na sua *Regra* quando, tratando do modo como os irmãos devem trabalhar, diz:

> Aqueles irmãos aos quais o Senhor deu a graça de trabalhar trabalhem fiel e devotamente, de modo que, afastado o ócio que é inimigo da alma não extingam o espírito da santa oração e devoção, ao qual devem servir as demais coisas temporais (RB 5,2).

Mais tarde, em uma carta a frei Antônio – o futuro Santo Antônio de Pádua –, Francisco aplica este mesmo princípio ao ensino e ao estudo da teologia:

> Apraz-me que ensines a sagrada teologia aos irmãos, contanto que, nesse estudo, não extingas o espírito de oração e devoção, como está contigo na Regra (Ant 2).

Portanto, o *Poverello* chama a atenção para o fato de que nem o trabalho manual nem o intelectual devem impedir ou substituir o espírito de oração, ao mesmo tempo em que, de *per si*, não estão em contraposição com tal espírito. A propósito, há de se perceber que ele fala não simplesmente de oração e devoção, mas de *espírito* de oração e devoção, indicando que não se trata da simples repetição de fórmulas de orações ou de práticas devocionais, mas de uma disposição interior permanente de diálogo e de orientação da pessoa para Deus.

Tal disposição interior caracterizou fortemente a existência de Francisco, razão pela qual grande parte dos seus *Escritos* são constituídos por textos de orações e, mesmo aqueles identificados como *Regras*, *Exortações* e *Cartas*, estão permeados de invocações e exclamações oracionais[71].

Contextos biográficos: um homem feito oração

Muitos são os textos das fontes hagiográficas que nos falam das orações e do modo de rezar de Francisco. Basta recordarmos, por exemplo, que seu primeiro companheiro, Bernardo de Quintavalle, tendo-o hospedado em sua casa, decide juntar-se a ele justamente por conta do fervor da sua oração, dado que durante toda a noite repetira incessantemente a invocação: "Meu Deus e meu tudo" (AtF 1,20-25; cf. Fior 2; 1Cel 24,1-6). Não menos emocionante é aquele singelo relato segundo o qual Francisco, pouco antes de receber os estigmas, foi surpreendido por frei Leão a repetir, de joelhos e com mãos erguidas, estas comoventes perguntas: "Quem és tu, ó dulcíssimo Deus meu, e quem sou eu, vilíssimo verme e teu inútil servo?" (Fior, 3ª Consideração). Trata-se de exclamações que, mesmo constando de poucas e mais tardias fontes, condizem

---

71. Os *Escritos de Francisco* constituídos propriamente por orações são os seguintes: *Oração diante do Crucifixo, Saudação às virtudes, Saudação à Bem-aventurada Virgem Maria, Louvores a Deus altíssimo, Benção a frei Leão, Cântico do irmão sol, Louvores a serem ditos a todas as horas canônicas, Exortação ao louvor de Deus, Paráfrase ao Pai-nosso, Ofício da Paixão*, além da oração *Absorvei* que, mesmo não sendo de sua autoria, ele usava rezar. Como exemplos de inserções de textos de orações em outros *Escritos*, citamos os seguintes: a solene oração de ação de graças que constitui o capítulo 23 da *Regra não Bulada*, as comoventes exclamações de admiração diante do mistério eucarístico da *Carta enviada a toda a Ordem* (cf. Ord 27-29) e a oração de caráter fortemente trinitário com a qual a conclui (cf. Ord 50-52).

muito bem com o espírito de um homem cuja simplicidade de vida manifestava-se também no modo de rezar.

Porém, dentre os mais familiarizados com as *Fontes Franciscanas*, quando se fala do tema da oração em São Francisco, geralmente, vem à memória a frase lapidar de Tomás de Celano que define o *Poverello* como um homem "totalmente transformado não só em orante, mas em oração" (2Cel 95,5). Tal afirmação situa-se no coração daquela seção da *Segunda Vida de Celano* que trata, justamente, "do empenho de São Francisco na oração", ao longo da qual o biógrafo descreve, com riqueza de detalhes, as modalidades, os sentimentos e os efeitos da oração de Francisco (cf. 2Cel 94-101). Eis o texto no qual a frase se insere:

> Relatamos umas poucas maravilhas das suas orações a serem imitadas pelos pósteros, o quanto vimos com nossos olhos conforme é possível transmitir a ouvidos humanos. Fazia de todo o tempo um ócio santo, para gravar a sabedoria no coração, para não parecer que fracassava, caso não progredisse. Se por acaso as visitas dos seculares ou quaisquer negócios o surpreendiam, interrompendo-os antes de terminar, ele voltava novamente às realidades interiores. Na verdade, o mundo era insípido para quem se alimentava da doçura celeste, e as delícias divinas o fizeram delicado para as grosserias dos homens. Sempre procurava um lugar escondido em que pudesse unir a seu Deus não só o espírito, mas também cada membro [...]. O esquecimento de si e a absorção em Deus fizeram desaparecer tosses e gemidos, respirações duras e gestos externos. Estas coisas em casa. Mas, rezando nas florestas e nos lugares solitários, enchia os bosques de gemidos, banhava os lugares de lágrimas, batia com a mão no peito e aí, encontrando como que um esconderijo mais oculto, conversava muitas vezes com palavras com seu Senhor. Aí respondia ao Juiz, suplicava ao Pai, conversava com o Amigo, divertia-se

com o Esposo. Na verdade, para tornar todas as medulas do coração um holocausto múltiplo, propunha de maneira múltipla diante dos olhos aquele que é sumamente simples. Muitas vezes, com os lábios imóveis ruminava interiormente e, arrastando para o interior as realidades exteriores, elevava o espírito às superiores. Assim, *totalmente transformado não só em orante, mas em oração*, dirigia toda a atenção e todo o afeto a uma única coisa que pedia ao Senhor (2Cel 94,3–95,5).

Como se pode perceber desse relato, a oração abrangia todo o ser de Francisco: corpo, alma, espírito, pensamentos, sentimentos, bem como todo o seu existir: tempos, lugares, circunstâncias. Por isso, assumia as mais diversas modalidades e expressões: louvores, súplicas, intercessões, silêncios, de modo que ele se referia ao mistério de Deus das mais diversas formas: como Senhor, Pai, Juiz, Amigo e Esposo.

Na verdade, Francisco compreendeu que a essência da oração cristã consiste em, ao mesmo tempo, buscar unir-se a Deus de corpo e alma e deixar-se absorver por Ele, voltar-se para a própria interioridade e elevar-se para além de si mesmo. Daí por que, como bem sintetizou Celano, a oração não se limitava simplesmente a uma atividade, ainda que a mais importante, que Francisco realizava, mas dizia respeito a tudo o que ele era e fazia, uma vez que tinha feito de toda a vida uma oração, deixando-se transformar pela mesma e, mais ainda, transformando-se na própria oração.

Portanto, a oração de Francisco foi profundamente transformadora, de modo que ainda que se esforçasse ao máximo por ser muito discreto, tanto quanto entrava como quando saía do encontro pessoal com Deus, era quase impossível aos que o cercavam não perceber que ele, ainda segundo a narrativa de Celano, "quase se transformava em outro homem" (2Cel 99,1).

De fato, a oração verdadeira é aquela que nos transforma em outras pessoas: melhores, mais humanas, mais divinas.

Atualidade: Thomas Merton

Thomas Faverel Merton foi um monge trapista nascido em Prades, na França, aos 31 de janeiro de 1915, tendo sido batizado na Igreja Anglicana. Em 1916, seus pais, um neozelandês e uma norte-americana, mudam-se para os Estados Unidos. Em 1921, depois da morte da mãe, passa a morar com os avós e, em 1925, transfere-se com o pai primeiramente para a França e, depois, para a Inglaterra, onde conclui o ensino médio. Em 1933, com a morte do pai, volta aos Estados Unidos e, em 1935, ingressa na Universidade de Colúmbia, onde estuda espanhol, alemão, geologia, direito civil e literatura francesa. Nesse tempo, também se torna membro do movimento comunista de jovens e redator de arte de um jornal estudantil[72].

Nos anos seguintes, realiza um processo dramático de retomada e aprofundamento da fé cristã, detalhadamente descrito na sua autobiografia, *A montanha dos sete patamares*, um *best-seller* que foi comparado às *Confissões* de Santo Agostinho[73]. Tal processo iniciou-se por seu interesse pela escolástica suscitado pela leitura do livro de Etienne Gilson, *O Espírito da filosofia medieval*[74], prosseguiu através da sua amizade com Brahmachari – um mestre hindu que, surpreendentemente, lhe aconselhou a ler as *Confissões* de Santo Agostinho e a *Imitação de Cristo* – e culminou

---

72. Essas e outras informações biográficas fundamentais sobre Merton estão disponíveis no site da Sociedade dos Amigos Fraternos de Thomas Merton (SAFTM), ao qual remetemos: https://es.merton.org.br/thomas-merton

73. Cf. MERTON, T. *A montanha dos sete patamares*. Petrópolis: Vozes, 2005.

74. GILSON, E. *O Espírito da filosofia medieval*. São Paulo: WMF Martins Fontes, 2020.

com a orientação recebida do padre Moore de Nova York que, aos dezesseis de novembro de 1938, o admitiu na Igreja Católica[75].

Em 1939, Merton consegue o diploma de literatura inglesa e, do interesse por São João da Cruz, nasce nele o desejo de ser ordenado padre, pensando primeiramente nos franciscanos que, porém, não o aceitam. De 1939 a 1941, vive experiências muito significativas para o seu discernimento interior: leciona inglês na Universidade Franciscana de São Boaventura, em Olean; realiza um retiro na abadia trapista de Gethsemani, em Kentucky, e convive com a população negra do Halem, junto à obra social e religiosa da baronesa Caterine de Hueck. Depois de uma segunda estadia junto aos trapistas, ingressa, definitivamente, no mosteiro de Gethsemani, aos dez de dezembro de 1941[76].

Ainda que o seu desejo de se tornar franciscano não se tenha concretizado, São Francisco e a sua espiritualidade foram sempre muito presentes na vida do nosso autor. A começar pelos anos em que lecionou em São Boaventura, onde, sob a orientação do grande estudioso franciscano, Philotheus Boehner, investigou muitos textos da tradição franciscana, especialmente o *Itinerário da mente para Deus*, de São Boaventura de Bagnoregio. Há de se recordar também que, naquele período, foi membro da Ordem Franciscana Secular.

Sua identificação com o Santo de Assis era tão grande que, dois anos antes de morrer, Merton declara: "Sempre vou sentir-me como um filho de São Francisco. Não há na Igreja santo algum a quem eu tanto admire"[77]. E, a respeito do evento da estigmatização do *Poverello*, afirma que "foi o sinal divino de que ele foi de todos

---

75. MERTON, T. *A montanha dos sete patamares*. Op. cit., p. 180, 201-204.
76. Ibid., p. 275-336.
77. MERTON, T. *The road to joy*. Nova York: Farrar, Straus and Giroux, 1989, p. 298 (tradução nossa).

os santos o mais semelhante a Cristo", de modo que "conhecer São Francisco é simplesmente compreender o Evangelho e segui-lo no seu verdadeiro e integral espírito, é viver o Evangelho em toda a sua plenitude"[78].

Por tudo isso, poderíamos tomar a figura de Merton para ilustrar vários dos temas que estamos tratando, pois, como afirma Getúlio Bertelli ao tratar do itinerário agostiniano-franciscano do monge trapista, Francisco de Assis lhe serviu de paradigma para muitas questões, tais como: o seguimento de Jesus Cristo, o despojamento, a compaixão pelos pobres, a promoção da paz e do ecumenismo e, inclusive, a vocação eremítica[79].

Porém, optamos por destacar alguns pensamentos do monge trapista sobre um tema recorrente nos seus *Escritos*: a contemplação, a partir dos quais podem ser traçados vários paralelos com os *Escritos de Francisco*, especialmente com as suas *Orações*[80]. Em tais textos, muitas vezes, tem-se a impressão de que Merton esteja descrevendo a experiência contemplativa do *Poverello*, a começar pela sua autobiografia, onde assim a define:

> A contemplação significa quietude, suspensão da atividade, retirada para a solidão misteriosa do íntimo em que a alma é absorvida pelo imenso e proveitoso silêncio de Deus e aprende alguma coisa do segredo das perfeições de Deus menos pela visão que pelo amor de fruição[81].

---

78. MERTON, T. *Homem algum é uma ilha*. 2. ed. Rio de Janeiro: Agir, 1958, p. 160.
79. BERTELLI, G. *Mística e compaixão*: a teologia do seguimento de Jesus em Thomas Merton. São Paulo: Paulinas, 2008, p. 66-67.
80. A propósito do paralelo entre os *Escritos de Merton e os de Francisco*, recomendamos o seguinte texto: DE OLIVEIRA, A.C.; MENESES JÚNIOR, C.S. *Meditando com Thomas Merton e Francisco de Assis* – Homenagem aos cinquenta anos da morte de Merton (1968-2018). Campinas: De Sete, 2018.
81. MERTON, T. *A montanha dos sete patamares*. Op. cit., p. 374.

Mas é sobretudo na obra *Novas sementes de contemplação* que, como sugere o título, o assunto vem mais explicitamente tematizado. Ali, Merton, com a clareza e profundidade que lhe são características, consciente de que a contemplação não pode ser reduzida a conceitos, a compreende como

> a mais alta expressão de vida intelectual e espiritual do homem. É a própria vida do intelecto e do espírito, plenamente desperta, plenamente ativa, plenamente consciente de que está viva. É um assombro espiritual. Uma reverência espontânea ao caráter sagrado da vida, do ser. É gratidão pela vida, pela consciência e por ser. É uma percepção vívida do fato de que a vida e o ser em nós procedem de uma fonte invisível, transcendente e infinitamente abundante. A contemplação é, acima de tudo, a consciência da realidade dessa fonte[82].

Porém, o despertar da consciência para a realidade daquela fonte da qual brotamos, no que a contemplação fundamentalmente consiste, adverte Merton, não depende de uma iniciativa ou decisão nossas, uma vez que "não somos nós que escolhemos nos despertar, mas é Deus que nos escolhe e nos desperta"[83]. Cabe a nós simplesmente acolhermos as sementes de contemplação representadas por cada momento e acontecimento das nossas vidas, pois:

> Assim como o vento leva milhares de sementes aladas, assim também cada instante traz consigo germes de vitalidade espiritual que vão pousar imperceptivelmente no espírito e na vontade dos homens [...]. É o amor de Deus que me fala nos pássaros e riachos; mas, por trás do clamor da cidade, Deus também me fala em seus julgamentos. E todas essas coisas são sementes que me são enviadas por sua vontade. Se essas

---

82. MERTON, T. *Novas sementes de contemplação*. Petrópolis: Vozes, 2017, p. 17.
83. Ibid., p. 24.

sementes se enraizassem em minha liberdade, e se sua vontade crescesse nela, eu me tornaria o amor que Ele é, e minha colheita seria sua glória e minha própria alegria[84].

Trata-se de uma alegria que, necessariamente, deverá transbordar "de nossas almas para ajudar outros a se alegrarem em Deus"[85]. Daí por que, ao final da obra citada, o monge trapista afirma categoricamente que "a mais elevada vocação ao Reino de Deus é compartilhar a própria contemplação e levar outros ao conhecimento experimental de Deus, que é concedido aos que o amam com perfeição"[86].

Tal vocação, como ele já havia afirmado muito tempo antes, foi vivida plenamente por Francisco de Assis na sua estigmatização, maravilhosamente descrita e interpretada por São Boaventura no *Itinerarium mentis in Deum*, tão estudado por Merton na sua juventude, e que ele cita textualmente:

> Lá São Francisco "transitou para Deus" no êxtase da contemplação e, por isso, foi colocado como exemplo da perfeita contemplação, como já fora antes exemplo da perfeição da vida ativa, de maneira que Deus pudesse, através dele, atrair todas as pessoas verdadeiramente espirituais para esta espécie de "trânsito" e de êxtase, menos pela palavra do que pelo exemplo[87].

Portanto, Merton, tal como Boaventura, está convencido de que Francisco foi também um perfeito contemplativo, de modo que toda atividade de ensino e de pregação dos que nele se inspiram deve

---

84. Ibid., p. 28, 30.
85. Ibid., p. 244-245.
86. Ibid., p. 246.
87. MERTON, T. *A montanha dos sete patamares*. Op. cit., p. 377. Cf. BOAVENTURA. *Itinerário da mente para Deus* (Jerônimo Jerković e Luis Alberto de Boni (trads.)). Petrópolis: Vozes, 2012, p. 97-98.

consistir no transbordamento de um amor veemente e abundante pela contemplação[88]. Nesse sentido, talvez seja justamente o amor à contemplação a explicar a forte ligação de Merton com Francisco que, como afirma Fernando Paiser, para além de fatos e circunstâncias, reside num aparente paradoxo: para ser franciscano, "para se tornar 'menor', Merton deixa o convento, ou melhor, nunca entra", de modo que é "no recolhimento tipicamente cisterciense que ele se torna um frade menor de coração, um trapista de alma e ambos de espírito"[89].

Merton morreu aos dez de dezembro de 1968, em circunstâncias misteriosas, eletrocutado no quarto em que se hospedara em Bangcoc, na Tailândia, depois de ter proferido uma breve conferência a um grupo de monges.

Testemunho: frei Salvio Romero da Silva

Membro da Ordem dos Frades Menores Capuchinhos, da Província de Nossa Senhora da Penha do Nordeste do Brasil, frei Salvio Romero da Silva nasceu em 1971, no dia de São Francisco, quatro de outubro, em Bezerros/PE. Fez sua primeira profissão religiosa, em 1993, e a profissão definitiva, em 1996. Conseguiu a licenciatura em Filosofia pela Universidade Católica de Pernambuco (Unicap), no ano de 1996, e a licenciatura em Música na Universidade Federal de Pernambuco (UFPE), no ano de 2000. Também concluiu o curso de Teologia no Seminário Arquidiocesano de Natal/RN, no ano de 2005. Durante seis anos dedicou-se à formação dos vocacionados, postulantes e junioristas[90] capuchinhos. Desde o final de 2005, tem

---

88. MERTON, T. *A montanha dos sete patamares*. Op. cit., p. 375.
89. DE OLIVEIRA, A.C.; MENESES JÚNIOR, C.S. *Meditando com Thomas Merton e Francisco de Assis...* Op. cit., p. 113.
90. Como são geralmente chamados os(as) religiosos(as) em formação antes dos votos solenes ou perpétuos.

se dedicado à vida eremítica e, aos sete de fevereiro de 2006, funda a Escola Franciscana de Meditação (Efram), na cidade de Olinda/ PE. Por conta desta significativa experiência de vida contemplativa, frei Salvio tem muito a nos dizer sobre o tema. Acompanhemos o seu testemunho assim intitulado: A Escola Franciscana de Meditação e a experiência da contemplação.

Conheci São Francisco de Assis e a sua espiritualidade quando eu era um jovem de quinze anos de idade. Foi um encontro maravilhoso que serviu para nortear a minha vida, pois, a partir de então, decidi fazer da Ordem Seráfica a minha nova família. Já nos primeiros anos de formação, a espiritualidade contemplativa de São Francisco atraiu a minha atenção e, quando percebi que a vida eremítica era um elemento importante dessa espiritualidade, passei a buscar esse modo de viver. Após um longo período de discernimento, obtendo a permissão dos meus superiores, abracei a vida eremítica, na qual permaneço há quinze anos.

Ainda como um jovem formando na Ordem dos Capuchinhos, tive a graça de conhecer um eremita franciscano, do qual recebi excelentes ensinamentos sobre a oração contemplativa. Na verdade, ele me iniciou na prática da meditação cristã, tal como foi amplamente difundida pelo monge beneditino de origem irlandesa, John Main (1926-1982). Aquele jeito extremamente simples de ficar na presença do Senhor me deixou encantado e me fez enxergar que, na oração, o silêncio e a escuta são mais valiosos do que as palavras e os pensamentos. Apesar de muitas dificuldades iniciais, fui estabelecendo gradualmente o hábito de meditar a cada dia.

John Main tinha se fundamentado na *X Conferência* de São João Cassiano († 435) e na obra medieval *A nuvem do não saber* (séc. XIV) para desenvolver o seu método de meditação. Tal método consistia em aquietar-se na presença de Deus, fechar os olhos e repetir, em silêncio e de modo incessante, uma palavra sagrada (mantra), durante vinte a trinta minutos. Toda a atenção deveria se concentrar no mantra e, assim, a mente encontraria o repouso e o silêncio. Mesmo dando como sugestão o mantra *Maranatha*, John Main dizia que cada meditante era livre para escolher o seu próprio mantra, contanto que permanecesse com ele por toda a vida.

Alguns anos depois, principalmente através da leitura dos *Relatos de um peregrino russo* (séc. XIX), eu me deparei com a prática milenar da invocação do Santo Nome de Jesus. Esta invocação, já encontrada em alguns Padres do Deserto, foi preservada integralmente na Igreja Oriental, tornando-se um elemento característico da sua espiritualidade. Com o desejo de orar sem cessar (cf. 1Ts 5,17) e de manter no coração a permanente lembrança de Deus, os cristãos orientais costumam invocar incessantemente o Santo Nome de Jesus.

Fiquei maravilhado quando descobri que, na tradição franciscana, havia uma especial devoção ao Santo Nome de Jesus. Essa bela devoção da Ordem, cuja origem remonta de algum modo ao pai São Francisco, teve como seu principal propagador o grande São Bernardino de Sena (1380-1444). Ele e seus dois ilustres discípulos, São João de Capistrano (1386-1456) e São Tiago das Marcas (1394-1476), difundiram, no meio do povo cristão, o uso devocional do monograma do Santo Nome de Jesus (IHS). Um pouco mais tarde, em 1530, a Ordem Seráfica teve a graça de receber da Santa Sé a permissão para celebrar a festa do Santo Nome de Jesus, com Ofício Divino próprio.

Encantado com as novas descobertas, tomei a decisão de invocar o Santo Nome de Jesus, durante a meditação. Assim, a minha palavra sagrada (mantra) passava a ser o próprio Nome de Jesus. Desse modo, estava nascendo a maneira de meditar que, mais adiante, a Efram passaria a difundir. Percebi também que a invocação do Nome de Jesus, feita de modo livre e espontâneo durante os afazeres cotidianos, preparava-me interiormente para os momentos de meditação propriamente ditos. Mais tarde, essa prática espiritual também passaria a ser recomendada aos meditantes da Efram.

No final do ano de 2005, após ter concluído os estudos teológicos, comecei uma experiência eremítica na pequenina igreja de Nossa Senhora da Boa Hora, no centro histórico de Olinda/PE. Como eu já planejava desenvolver um apostolado em favor da meditação cristã, percebi que era chegada a hora de iniciar a Escola de Meditação. Assim, no dia sete de fevereiro de 2006, nascia a Efram, com um primeiro e pequeno grupo de meditantes daquela mesma comunidade. Após um ano de existência, a Efram começou a crescer. Sendo transferido para o Convento dos Capuchinhos de Caruaru/PE, iniciei ali um segundo grupo da Efram, o qual se tornou um centro de formação de novos grupos. O tempo passou e, após quinze anos de missão, a Efram está constituída por um pouco mais de quinhentos membros, organizados em quarenta e cinco grupos locais, em diversas cidades de Pernambuco, Paraíba e Alagoas.

A Efram foi iniciada com a finalidade de propor aos fiéis leigos do nosso tempo uma experiência de contemplação, através da prática regular da meditação cristã. Apesar de ser um conceito complexo e muito amplo, referimo-nos ao termo contemplação significando um estado da alma orante. Diante da beleza e da grandeza do Mistério Divino, a alma não encontra outra atitude mais apropriada do que silenciar e abandonar-se nos braços do Pai do céu. Cessam as palavras, os pensamentos, as considerações, as imaginações, as sensações. O orante deseja apenas ficar em silêncio, na presença de Deus.

A Efram já nasceu franciscana. Nasceu em um eremitério franciscano e de alguém que se encantou, desde muito jovem, pela vida contemplativa franciscana. Portanto, a Efram se coloca sob a paternidade espiritual de São Francisco e deseja cada vez mais inserir seus membros no seguimento de Cristo, ao modo do Seráfico Pai. Desde a fundação da Escola, todos os grupos da Efram promovem encontros semanais, com a duração de apenas uma hora. O propósito maior desses encontros é incentivar a prática diária da meditação, feita por cada participante em sua própria casa. O encontro semanal se inicia com uma preparação, através do canto e da relaxação corporal. Depois, todos meditam por vinte minutos e, logo a seguir, escutam, de modo orante, a Palavra de Deus. Por fim, é realizado um breve momento de formação espiritual.

A prática regular da meditação tem um efeito muito positivo na vida das pessoas. Encontramos na Efram muitos testemunhos de crescimento pessoal, de superação e de melhorias nas relações interpessoais. De modo geral, o meditante começa a perceber em si mesmo uma maior tranquilidade, uma alegria mais duradoura e uma sensação de bem-estar. Os melhores frutos, porém, brotarão no campo da espiritualidade. O coração vai se tornando mais orante, contemplativo e muito mais perceptivo com relação a Deus. Em um mundo que costuma ser barulhento e dispersivo, a meditação nos oferece uma possibilidade real de recolhimento interior. Atormentados por tantos afazeres e ocupações cotidianas, encontramos na meditação um descanso para reabastecer nossas energias. Numa cultura que supervaloriza a dimensão material da vida, a meditação vem enriquecer a nossa existência com a simples atitude de se ficar em silêncio, na presença de Deus.

A meditação é, de fato, um caminho luminoso para o nosso tempo. Ela é extremamente simples e está ao alcance de qualquer pessoa. Não exige conhecimentos especiais, nem dons ou talentos específicos. Um grupo de meditação pode se reunir em qualquer cantinho mais sossegado e oferecer aos demais fiéis uma oportunidade de crescimento espiritual, através do silêncio e do abandono de si mesmo em Deus. Essa é a missão da Efram.

IV
Os três conselhos evangélicos

No tema anterior, falávamos da centralidade do seguimento de Cristo na Espiritualidade de São Francisco, expressa no uso frequente que ele faz do verbo "seguir" nos seus *Escritos*, quase sempre referido à pessoa de Jesus Cristo.

Nesse sentido, é interessante perceber que, na *Regra* que escreveu para os seus irmãos, essa centralidade do seguimento de Cristo e do Evangelho está diretamente relacionada com os conselhos evangélicos de pobreza, obediência e castidade, como se pode perceber logo no início das suas duas redações:

> A Regra e vida destes irmãos é esta: *viver em obediência, em castidade e sem propriedade* e *seguir a doutrina e as pegadas de Nosso Senhor Jesus Cristo* (RnB 1,1).
>
> A Regra e vida dos Frades Menores é esta: *observar o santo Evangelho de Nosso Senhor Jesus Cristo, vivendo em obediência, sem propriedade e em castidade* (RB 1,2).

Assim, "viver em obediência, em castidade e sem propriedade", significa a concretização do seguimento de Cristo, a forma concreta do(a) discípulo(a) seguir a sua doutrina e as suas pegadas e de observar o Evangelho; enfim, de viver o estilo de vida assumido por Ele ao longo de sua vida terrena, sintetizado, justamente, na prática dos três conselhos.

Daí por que, sobretudo a partir da *Regra Franciscana*, os três conselhos evangélicos começaram a integrar todas as outras *Regras Religiosas*, quase que identificando a Vida Religiosa enquanto tal[91]. Além disso, da importância dada pela *Regra Franciscana* aos conselhos evangélicos derivou uma interessante teologia sobre os mesmos, posteriormente desenvolvida especialmente por São Boaventura na obra intitulada *Sobre a perfeição evangélica*[92].

Porém, uma vez que representam a síntese do estilo de vida de Jesus, os conselhos evangélicos não são propostos somente aos religiosos(as), mas a todos os(as) batizados(as), como nos recorda o Concílio Vaticano II:

> Todos os cristãos são, pois, chamados e obrigados a tender à santidade e perfeição do próprio estado. Procurem, por isso, ordenar retamente os próprios afetos, para não serem impedidos de avançar na perfeição da caridade pelo uso das coisas terrenas e pelo apego às riquezas, em oposição ao espírito da pobreza evangélica (LG 42).

Aliás, podemos até dizer que os conselhos evangélicos são necessários para toda existência autenticamente humana, pois apontam para uma estrutura antropológica fundamental[93], de modo

---

91. Tenha-se presente que os três conselhos evangélicos aparecem pela primeira vez na fórmula da profissão religiosa dos Cônegos Regulares de Sainte Geneviève, de Paris, em 1148, e, em 1198, na *Regra dos Trinitários*. Portanto, um pouco antes da *Regra Franciscana*. Mas será Inocêncio IV, já pela metade do século XIII, quem dirá que os três votos constituem a essência da Vida Religiosa, devendo constar em todas as novas Regras. Cf. TILLARD, J.M.R. Consigli evangelici. In: *Dizionario degli Istituti di Perfezione*. Vol. 2, 1653.
92. Cf. BONAVENTURA. *De perfectione evangélica – Quaestiones disputatae* (Andrea di Maio (trad.)). Roma: Città Nuova, 2005. Permita-me o(a) leitor(a) remeter ao estudo realizado por mim sobre a referida obra de S. Boaventura: GOMES, F.C. *Perfeição evangélica*: a teologia dos conselhos evangélicos de São Boaventura. Petrópolis: Vozes, 2013.
93. Sobre a relevância antropológica dos conselhos evangélicos, muito se tem escrito, sobretudo no pós-Vaticano II. Assim, citamos apenas algumas obras, a título de ilustração: RANQUET, J.G. *Conselhos evangélicos e maturidade humana*. São

que não somente os cristãos e as cristãs, mas todas as pessoas são chamadas a vivenciar, em diferentes modalidades e circunstâncias, o espírito dos conselhos. Francisco entendeu isso muito bem, referindo-se aos mesmos não somente naqueles textos mais diretamente endereçados aos frades (*Regra*, *Admoestações* e *Carta enviada a toda a Ordem*), mas também, naqueles dirigidos aos cristãos em geral e a toda a humanidade (*Carta aos fiéis*, *Saudação às Virtudes* e *Cântico das Criaturas*).

Vamos, agora, pois, refletir sobre como Francisco entende os conselhos evangélicos nesses e noutros textos e quais indicações nos oferece para a prática dos mesmos.

Escritos de Francisco

Pobreza

Antes de tudo, devemos dizer que Francisco nunca fala simplesmente de pobreza, mas sempre lhe acrescenta algum complemento que a qualifica teologicamente, sobretudo como "a pobreza de nosso Senhor Jesus Cristo", que ele recomenda a todos os frades seguirem (RnB 9,1; UV 1). Desse modo, a pobreza franciscana diz respeito, primordialmente, ao modo de ser da encarnação do Filho de Deus, ao seu autoesvaziamento, pois, "sendo rico sobre todas as coisas, quis ele mesmo escolher a pobreza no mundo" (2CFi 5). Por isso, a mesma não consistiu simplesmente numa condição social à qual Ele estava condenado a viver, mas numa opção que Ele realizou livremente e que, quem deseja segui-lo, deverá também realizar.

Paulo: Paulinas, 1970. • GRÜN, A.; SCHWARZ, A. *Chamados a viver o Evangelho*: a espiritualidade dos conselhos evangélicos. Petrópolis: Vozes, 2009. • PAOLI, A. *Em busca de liberdade*: castidade, obediência, pobreza. São Paulo: Loyola, 1983. • DE OLIVEIRA, J.L.M. *Viver os votos em tempos de Pós-modernidade*. 3. ed. São Paulo: Loyola, 2001. • PUNTEL, J.; BESTTETI, A.; PRATILLO, F. *Os conselhos evangélicos na ótica da comunicação*. São Paulo: Paulinas, 2005.

Essa opção, por sua vez, tal como aconteceu com o Mestre Jesus, deve manifestar-se concretamente no estilo de vida dos seus discípulos e discípulas, o qual, como bem entendeu Francisco, precisa ser pautado pela sobriedade no uso dos bens (cf. RnB 9,1; 2,7;7,7; 8,3.10; 9,16; RB 2,16; 3,10; 4,3; 5,4), pela proximidade para com os socialmente empobrecidos e marginalizados (RnB 9,2; 1Fr 74), pelo exercício de um trabalho honesto (cf. RB 5; RnB 7,1-7; Test 20) e pela fé na providência divina (1Fr 75-77; 2Fr 17-19; RB 6,3; RnB 7,8; 9,3-5; Test 22).

Outro complemento à pobreza dado por Francisco é o apelativo de "Senhora" (cf. SV 2.11; TestS 4), uma vez que a mesma diz respeito à nossa condição humana com a qual o Senhor Jesus Cristo, ao se encarnar, se uniu, transformando-a, assim, em sua esposa e, portanto, na Senhora Pobreza. Tal pobreza é também chamada de "santa", "santíssima", "altíssima" (SV 2.11; RB 5,5; 6,5), pois participa e torna o ser humano partícipe da santidade e da grandeza do Filho de Deus. Além disso, nos *Escritos de Francisco*, a pobreza vem algumas vezes acompanhada pela virtude da humildade (cf. SV 2; RnB 9,1; RB 6,2), indicando-se, com isso, que não é suficiente apenas uma prática exterior da mesma, mas que essa precisa ser acompanhada pela atitude interior de humildade.

Outro modo muito peculiar de Francisco referir-se ao conselho da pobreza é através da expressão "sem nada de próprio" (*sine proprio*), vale dizer, a não apropriação que, para ele, deve ser radical: de pessoas, lugares, cargos, títulos e, sobretudo, daquilo a que mais fortemente nos apegamos: nossa vida e vontade (RB 6,1; Ad 2,3; 4). Desta forma, Francisco nos revela o segredo da verdadeira liberdade, o total desapego, que ele aprendeu do Mestre Jesus que assim ensina: "quem quiser salvar a sua vida, vai perdê-la; mas quem perder a sua vida por amor de mim e pela causa do Evangelho, há de salvá-la" (Mc 8,35; cf. Mt 10,39; Lc 17,33; Jo 12,25).

Por fim, Francisco fala também da pobreza como restituição, atitude de quem reconhece que Deus, o Sumo Bem, é a fonte e o destino de tudo e que, consequentemente, em última instância, tudo pertence a Ele e a Ele deve retornar, sobretudo através do nosso louvor e da nossa gratidão:

> E restituamos todos os bens ao Senhor Deus altíssimo e sumo e reconheçamos que todos os bens são dele e por tudo demos graças a ele, de quem procedem todos os bens. E o mesmo altíssimo e sumo, único Deus verdadeiro, os tenha, e lhes sejam restituídos; e ele receba todas as honras e reverências, todos os louvores e bênçãos, todas as graças e glória, ele, de quem é todo o bem, o único que é bom (RnB 17,17-18).

Obediência

Também o conselho da obediência vem quase sempre acompanhado por um complemento que o qualifica. Em primeiro lugar, destacamos o adjetivo "santa", o qual sugere que, para o *Poverello*, a obediência não é, em última instância, dirigida a alguém reconhecido como hierarquicamente superior, mas a Deus, cuja vontade, todos, independentemente da posição hierárquica, são chamados a cumprir. Exemplo maior dessa obediência é Jesus Cristo que, mesmo sofrendo até suar sangue, "colocou, no entanto, a sua vontade na vontade do Pai, dizendo: 'Pai, faça-se a tua vontade'; 'não como eu quero, mas como tu queres'" (2Fi 10). Por isso, Francisco fala da "verdadeira e santa obediência de Nosso Senhor Jesus Cristo" (RnB 5,15) que os irmãos são chamados a seguir.

Tal obediência constitui-se num verdadeiro lugar teológico, vale dizer, num espaço de escuta atenta[94] e de discernimento da vontade

---

94. É justamente isso que a palavra latina *obaudientia* (obediência), derivada do verbo *audire* (ouvir, escutar) precedido pelo prefixo *ob* (diante de, em face

de Deus. Daí por que, quando a *Regra* trata de como devem ser acolhidos os que querem ingressar na Ordem, Francisco prescreve que, terminado o ano de provação (noviciado), os candidatos "sejam recebidos na obediência" (RB 2,12), em outras palavras, que possam ingressar nesse lugar teológico, espaço da bênção de Deus, que é a obediência. Daí entende-se por que vagar fora da obediência significa colocar-se no espaço da maldição, ou seja, da ausência da bênção:

> E todos os irmãos, cada vez que se desviarem dos mandamentos do Senhor e vagarem fora da obediência, como diz o profeta, saibam que fora da obediência são amaldiçoados, enquanto permanecerem conscientemente em tal pecado (RnB 5,16).

É interessante também perceber que, na *Saudação às Virtudes*, onde Francisco estabelece como que uma relação fraterna entre elas – de modo que cada uma é guardada e protegida por outra, como por uma irmã –, ele afirma que a caridade é guardada pela virtude da obediência (SV3). Portanto, assim como, sem a caridade, a obediência transforma-se em mero cumprimento exterior de normas, sem a obediência, a caridade pode degenerar-se em mero subjetivismo ou voluntarismo.

Mas o texto em que Francisco mais desenvolve a sua reflexão sobre a obediência é a *Terceira Admoestação* que, por isso, transcrevemos na íntegra:

> Diz o Senhor no Evangelho: quem não renunciar a tudo o que possui não pode ser meu discípulo; e: quem quiser salvar sua vida, perdê-la-á. Abandona tudo o que possui e perde seu corpo aquele que se oferece totalmente à obediência nas mãos de seu prelado. E aquilo que faz e diz, que saiba não ser contra

---

de etc.), significa; ou seja, não simplesmente ouvir, mas, ouvir atentamente, frontalmente, profundamente.

sua vontade, na condição de que seja bom o que ele faz, é verdadeira obediência. E se o súdito vê coisas melhores e mais úteis à sua alma que aquelas que prelado lhe ordena, sacrifique voluntariamente as suas opiniões a Deus; procure, porém, realizar em obras as que são do prelado. Pois esta é a obediência caritativa, porque satisfaz a Deus e ao próximo. Se o prelado, porém, ordena algo contra a sua alma, conquanto não lhe obedeça, não o abandone. E se por causa disso vier a sofrer perseguição por parte de alguns, ame-os ainda mais por amor de Deus. Pois, quem prefere sofrer perseguição a separar-se de seus irmãos permanece verdadeiramente na perfeita obediência, porque expõe a sua vida em favor dos seus irmãos. De fato, muitos são os religiosos que, sob o pretexto de ver coisas melhores do que as que seus prelados ordenam, olham para trás e voltam ao vômito da própria vontade; estes são homicidas e causam a perdição de muitas almas por causa de seus maus exemplos (Ad 3).

Uma primeira observação a ser feita é que essa *Admoestação*, cujo tema central é a obediência, inicia-se com duas citações evangélicas associadas geralmente ao conselho da pobreza (cf. Lc 14,33; 9,24) e que Francisco interpreta assim: "Abandona tudo o que possui e perde seu corpo aquele que se oferece totalmente à obediência nas mãos de seu prelado". Portanto, para o Santo de Assis, conhecido popularmente como o Santo da Pobreza, a expressão maior de pobreza consiste na obediência, pela qual somos chamados a oferecer a Deus, através de uma mediação humana, não somente o que temos, mas o que somos.

Como se pode perceber também, além do adjetivo "verdadeira", o *Poverello* acrescenta mais dois à obediência: "caritativa" e "perfeita". Aliás, o próprio título que a maioria dos copistas deu à referida *Admoestação* foi justamente este: "A obediência perfeita". Trata-se, portanto, de um processo de passagem da obediência verdadeira à perfeita no qual, mais importante do que o ponto de chegada, é o próprio itinerário a ser percorrido.

No centro desse processo, Francisco coloca a obediência caritativa, entendida como a que "satisfaz a Deus e ao próximo", vale dizer, como aquela que vai ao encontro daquilo que o outro espera de nós, desde que não atente contra a nossa própria alma que, aqui, não significa simplesmente a nossa subjetividade, mas o que nos anima por força de uma vocação respondida livremente: a forma de vida evangélica (cf. RnB 4,3). Essa é, portanto, a única permissão dada por Francisco para não se obedecer ao superior, a quem ele prefere chamar com termos de inspiração mais evangélica, tais como: ministro, servo, custódio e guardião[95].

Porém, mesmo diante da possibilidade real de não se obedecer ao ministro, Francisco, certamente motivado pelas desistências de muitos irmãos da Vida Franciscana justamente por dificuldades com os seus superiores, os exorta a não romperem com a comunhão fraterna, mesmo que isso comporte sofrer perseguições, pois, é exatamente nisso que consiste a perfeita obediência, segundo o critério estabelecido pelo próprio Cristo: "Ninguém tem maior amor do que aquele que dá a vida por seus amigos" (Jo 15,13).

Castidade

Com relação ao conselho da castidade, Francisco se expressa apenas duas vezes usando esse substantivo, especificamente nos primeiros capítulos das duas versões da *Regra*, nos quais os três conselhos são citados conjuntamente (cf. RB 1,2 e RnB 1,1). Também ele se utiliza do adjetivo casto(a) para falar da necessidade de se receber a Eucaristia não somente com o coração puro,

---

95. Os exemplos a respeito seriam muitos, pelo que remetemos somente a estes: RB 8,2; 9,2; 10,2.4-7; RnB 4,1.6; 5,3-4.6-7.12-13; 16,3; 18,2 Ord 47; Mn 14; Test 27.30, 1Ct; 2Ct.

mas também, com o corpo casto (cf. 2Fi 14), também para falar da qualidade da pregação dos frades, cujas palavras devem ser "examinadas e castas" (RB 9,4) e, por fim, para qualificar, no célebre *Cântico das Criaturas*, a irmã água que, além de muito "útil e humilde e preciosa", é também, "casta" (Cnt 7).

No entanto, o modo pelo qual Francisco prefere falar do conselho da castidade é através da expressão "pureza de coração", retirada do Evangelho das bem-aventuranças, segundo a versão de Mateus que diz: "Bem-aventurados os puros de coração, porque verão a Deus" (Mt 5,8), e que Francisco assim interpreta: "são verdadeiramente puros de coração os que desprezam as coisas terrenas, buscam as celestes e nunca desistem de adorar e de procurar o Deus vivo e verdadeiro com o coração e a mente puros" (Ad 16).

Desse modo, a castidade, para o *Poverello*, não pode ser simplesmente reduzida à dimensão física e genital do ser humano, a uma questão de continência sexual, pois diz respeito à totalidade da pessoa (corpo, alma, espírito), cujo núcleo consiste no coração, entendido, em sentido bíblico, não somente como o centro das emoções, mas também como a sede da vontade e da vida moral e religiosa[96]; portanto, como o "lugar" das grandes decisões.

Por isso, quando ele diz que os puros de coração "desprezam as coisas terrenas", não devemos entender esse desprezo em sentido maniqueísta[97], ou seja, como depreciação das realidades materiais, mas como direcionamento da totalidade da própria existência à profundidade e ao fundamento de todas as coisas que, na perspectiva

---

96. Cf. Verbete Coração: *Bíblia Sagrada* (Ludovico Garmus (coord. geral)). Petrópolis: Vozes, 2005, p. 1.496.
97. O maniqueísmo foi uma religião de tipo gnóstico-dualista fundada por Mani (ou Manes), no século III, na Pérsia, e que se difundiu rapidamente, assumindo, ao longo dos séculos, novas versões. No tempo de Francisco, vários grupos religiosos foram influenciados pelo neomaniqueísmo de Pedro de Bruys. Cf. GANOCZY, A. Maniqueísmo. In: *Diccionario de Teologia Dogmática*. Barcelona: Herder, 1990, p. 420-421.

cristã, consiste no próprio Cristo, como bem explicita o apóstolo Paulo quando afirma: "Na verdade, considero perda todas as coisas, em vista do sublime conhecimento de Cristo Jesus, meu Senhor. Por Ele tudo desprezei e considero lixo a fim de ganhar a Cristo e estar com Ele" (Fl 3,8). Trata-se, portanto, não de desprezo no sentido de desvalorização, mas, de concentração numa realidade mais profunda que, por sua vez, faz com que se coloque em segundo plano todo o resto, tal como a mãe que, por um momento, "despreza" os filhos sadios para cuidar do filho doente[98].

Em suma, a castidade, entendida no sentido acima exposto de pureza de coração, diz respeito, antes de tudo, a uma atitude interior da pessoa, mas que, de acordo com o modo sempre muito concreto de Francisco pensar, deve se refletir exteriormente no seu próprio corpo, especialmente no seu modo de olhar, de falar e de rezar. De fato, Francisco recomenda a todos um cuidado especial com o olhar, o qual deve ser purificado de toda intenção ambígua, a fim de que a identidade profunda e a dignidade das pessoas sejam respeitadas, de modo que as mesmas não sejam reduzidas a meros objetos de prazer pessoal umas das outras: "E guardemo-nos muito todos nós e mantenhamos puros os nossos membros, porque diz o Senhor: Aquele que olha para uma mulher para cobiçá-la já adulterou com ela em seu coração" (RnB 12,5).

Daí por que também recomenda, especialmente aos irmãos que, à época, mais faziam uso da palavra, os sacerdotes, a falarem honestamente e a pregarem castamente, vale dizer, também aqui, sem ambiguidades de intenções nem desejos de autopromoção e de autossatisfação, mas, unicamente, "para a utilidade e edificação do povo" (RB 9,4). Enfim, a castidade deve manifestar-se até mesmo no modo de a pessoa rezar, pois, também nesse caso,

---

98. Cf. FASSINI, D. *São Francisco em suas Admoestações*. Porto Alegre, 2013, p. 206.

segundo Francisco, podem se esconder ambiguidades de intenção, especialmente quando as orações são recitadas não para se buscar e para se levar à união com Deus, mas para, "com a sensualidade da voz, acariciar os ouvidos do povo" (Ord 42).

De tudo isso, percebe-se que se, por um lado, Francisco não se perde num rigorismo moral ao tratar do tema da castidade, concentrando-se no significado profundo da mesma, por outro, conserva um saudável realismo, que o leva também a alertar os frades sobre as familiaridades excessivas com os leigos (cf. RnB 12,1-2) que, em alguns grupos religiosos do seu tempo, eram frequentemente motivos de escândalos[99].

Contextos biográficos: o beijo no leproso

Um dos episódios mais emblemáticos do itinerário espiritual de Francisco é aquele conhecido como "o beijo no leproso". Trata-se de um gesto carregado de grande significado emotivo que, por isso, tem sido muito bem explorado pelas artes, especialmente as cênicas e as plásticas. A importância dessa experiência é testemunhada pelo próprio Francisco logo no início do seu *Testamento*, no qual, mesmo que não fale de beijo em um leproso particular, e sim de fazer misericórdia com os leprosos (cf. Test 2), recorda esse momento considerando-o como determinante para a sua decisão de "sair do mundo" (*exire de saeculo*; cf. Test 3). Tal expressão, à época, como esclarece Caetano Esser, significava sobretudo pertencer à Vida Religiosa[100], entendida, agora, por Francisco, não no sentido tradicional monástico de fuga do mundo (*fuga mundi*), ou seja, de estabelecimento permanente (*stabilitas loci*) em lugares ermos e isolados, mas de uma nova forma de consagração religiosa vivida

---

99. Sobre isso, cf. URIBE, F. *La Regola di San Francesco*. Op. cit., p. 291-292.
100. Cf. ESSER, K. *Origens e espírito primitivo da Ordem Franciscana*. Col. Cefepal/3. Petrópolis: Vozes, 1972, p. 30.

em meio às pessoas, vale dizer, como um estar no mundo de um modo novo.

Também as hagiografias testemunham suficientemente esse fato, mencionando, todas elas, o beijo de Francisco em um determinado leproso, ainda que com detalhes próprios, como por exemplo a *Legenda dos Três Companheiros*, que fala também do beijo que o mesmo teria dado em Francisco. Eis o texto:

> Certo dia, quando rezava fervorosamente ao Senhor, foi-lhe dada a resposta: "Francisco, se queres conhecer a minha vontade, é necessário que desprezes e odeies tudo o que amaste carnalmente e desejaste ter. Depois que começares a fazer isto, as coisas que antes te pareciam suaves e doces serão para ti insuportáveis e amargas, e naquelas coisas que antes te causavam horror haurirás grande doçura e imensa suavidade". Alegrando-se nestas palavras e confortado no Senhor, ao cavalgar nas cercanias de Assis, encontrou um leproso. E porque se acostumara a ter muito horror de leprosos, fazendo violência a si mesmo, desceu do cavalo e ofereceu-lhe uma moeda, beijando-lhe a mão. E, depois de ter recebido do mesmo (leproso) o ósculo da paz, montou novamente em seu cavalo e prosseguiu seu caminho. A partir de então, começou cada vez mais a desprezar a si mesmo até chegar de maneira perfeita, pela graça de Deus, à vitória sobre si (LTC 11,1-6; cf. 1Cel 17,4-5; 2Cel 9,9-12; LM I,5,1-5).

Como se pode perceber, a chave de leitura predominante nessa e nas outras fontes hagiográficas é a ascética, isto é, da vitória de Francisco sobre si mesmo, numa clara alusão ao ideal cavalheiresco almejado por ele antes da conversão – agora ressignificado em sentido espiritual –, de modo a transformar-se, segundo a expressão de Boaventura, em "cavaleiro de Cristo" (lM I,5,2). Verifica-se também uma interpretação do gesto numa chave de teologia retributiva, no sentido de que Francisco teria sido movido pelas promessas de conhecimento e consolação divinas, desde que trocasse as coisas carnais pelas espirituais (cf. 2Cel 9,7) e as doces pelas amargas (cf. LTC 11,2). Ademais, em alguns textos o gesto é envolto em uma aura de sobrenaturalidade, quando se diz que, após o encontro com Francisco, o leproso teria desaparecido, dando a entender que o verdadeiro significado dele transcende à sua dimensão histórico-pessoal (cf. 2Cel 9,12 e LM I,5,4).

No entanto, mais do que os hagiógrafos, o melhor intérprete do fato é o próprio Francisco no seu *Testamento*, quando diz:

> Foi assim que o Senhor concedeu a mim, Frei Francisco, começar a fazer penitência: como eu estivesse em pecados, parecia-me sobremaneira amargo ver leprosos. E o próprio Senhor me conduziu entre eles, e fiz misericórdia com eles. E afastando-me deles, aquilo que me parecia amargo se me converteu em doçura de alma e de corpo; e, depois, demorei só um pouco e saí do mundo (Test 1-3)[101].

Em primeiro lugar, porque, como dissemos, ele considera o gesto como o marco inicial da sua nova vida, como o início do seu processo de conversão que ele chama de "fazer penitência", muito em sintonia, pois, com o grande apelo à conversão de Jesus no Evangelho e dos apóstolos em Pentecostes (cf. Mc 1,15; At 2,37)[102]. Depois, porque Francisco constata que mais do que um gesto de generosidade da sua parte, tratou-se de um evento motivado pela graça divina, dado que ir para os leprosos não foi simplesmente uma decisão sua, pois foi o Senhor quem o conduziu entre eles. Por fim, por que não se tratou simplesmente de fazer misericórdia "para eles" – ou seja, de realizar algum gesto de caridade para com os leprosos –, mas de fazer misericórdia "com eles", Francisco parece

---

101. Testemunho confirmado por Tomás de Celano; cf. 1Cel 17,2.
102. Sobre isso, cf. CANTALAMESSA, R. *Apaixonado por Cristo* – O segredo de Francisco. São Paulo: Fons Sapientiae, 2019, p. 33-35.

sugerir que, ao aproximar-se, cheio de compaixão, daqueles que eram considerados como símbolos por excelência do pecado, ele percebeu a si próprio como objeto da misericórdia divina, sendo que também ele "estivesse em pecado". Daí por que afirma que fez "misericórdia com eles", ou seja, que experimentou, junto com os leprosos, a misericórdia divina.

Escolhemos este episódio da vida de Francisco para ilustrar o tema dos conselhos evangélicos não somente, como já dissemos, em virtude do seu significado emblemático para a Espiritualidade Franciscana que lhe confere um matiz específico[103], mas também porque, no nosso entender, o mesmo pode ser interpretado na perspectiva dos conselhos evangélicos, enquanto oferece significativas indicações para a compreensão e a prática dos mesmos.

De fato, o gesto de Francisco possui um evidente significado relativo ao conselho evangélico da pobreza, pois, além de denotar a sua grande pobreza de espírito, ou seja, a sua capacidade de superar o próprio orgulho e a repugnância natural pelos leprosos que os hagiógrafos chamam de "vencer-se a si mesmo" (cf. 1Cel 17,5; LM I,5,2; LTC 11,6), possui um significado sociológico muito forte, enquanto transferência para o lugar social dos leprosos que, na realidade, era um não lugar: o espaço da marginalização e da morte. Nesse sentido, é muito significativo que o primeiro biógrafo do Santo, Tomás de Celano, afirme que logo após o seu despojamento diante do Bispo, "o santo amante de toda humildade transferiu-se para junto dos leprosos e permanecia com eles, servindo com o maior cuidado a todos por amor de Deus" (1Cel 17,1).

Além disso, o gesto de Francisco é interpretado por alguns hagiógrafos também como um ato de obediência às ordens divinas (cf. 2Cel 9,8), motivado por sua confiança nas promessas de

---

103. Cf. URIBE, F. El proceso vocacional de Francisco de Asís. In: *Selecciones de Franciscanismo*, 88, XXX, fasc. I, 2001, p. 53.

Deus (cf. 2Cel 9,7; LTC 11,1-2), o que parece ser confirmado pela própria descrição que Francisco faz no *Testamento*, quando diz que o mesmo teve origem numa ação divina à qual ele se submeteu, deixando-se ser conduzido pelo Senhor para o meio dos leprosos.

Por fim, no beijo de Francisco pode-se certamente também perceber uma referência ao conselho da castidade. De fato, ao realizar tal gesto em favor de alguém que representava o que de mais repugnante podia existir, Francisco demonstra estar movido pela mais honesta das intenções, expressão da sua grande pureza de coração que, como vimos, é o modo com o qual ele prefere referir-se à castidade. Realmente, beijo de Francisco no leproso foi casto porque desprovido de todo amor-próprio, tal como foi o beijo que ele, possivelmente, recebeu em troca do leproso, porque carregado da mais sincera e generosa gratidão.

Certamente porque tal experiência tanto lhe ensinou sobre o seguimento de Jesus Cristo nas suas mais diversas expressões, Francisco quis sempre, até o fim da vida, "voltar a servir aos leprosos e ser desprezado" (1Cel 103,8; cf. LM XIV,1,4), porque, junto deles, aprendia sempre de novo a ser verdadeiramente pobre, obediente e casto.

Atualidade: irmão Roger Schutz

Muito debateu-se, na teologia contemporânea, a respeito dos três conselhos evangélicos, especialmente após o Concílio Vaticano II que, como já dissemos, os propõe a todos os cristãos, afirmando categoricamente que não somente os que os assumem através dos votos – os consagrados e consagradas –, mas todos os batizados são chamados à perfeição da vida cristã, à santidade. Poderíamos, portanto, para falar da atualidade do tema, evocar, além dos textos do Concílio, autores importantes desse período que produziram profundas reflexões sobre o tema, tais como Karl Rahner e Hans Urs von Balthasar[104].

Preferimos, porém, destacar as inspiradas meditações do irmão Roger Schutz-Marsauch, nascido em 1915, próximo a Neuchâtel, Suíça, numa família Evangélica Calvinista. Ele foi o fundador da comunidade ecumênica de Taizé, na França, para onde convergem todos os anos milhares de pessoas das mais diferentes convicções religiosas e ideológicas, especialmente jovens, a fim de viver uma profunda experiência de oração e de comunhão fraterna.

Como testemunha o irmão Charles-Eugène, por mais de quarenta anos secretário de Roger Schutz, a sua admiração por Francisco de Assis era tamanha que ele "dificilmente ousa fazer referências a ele para justificar a própria busca"[105]. No entanto, a única menção textual que faz do *Poverello* é muito significativa, pois, enquanto filho da tradição evangélica reformada, o considera um caso notável na História de autêntica reforma eclesial:

> A História conheceu um caso de autêntica reforma! São Francisco de Assis. Sofreu pela Igreja, amou a Igreja a exemplo de Cristo. Podia julgar instituições, costumes, insensibilidade de muitos cristãos contemporâneos; mas não quis fazê-lo, preferiu morrer a si mesmo. Esperou com ardente paciência; sua espera, caldeada de amor, não tardou em suscitar renovações[106].

Além disso, de acordo com o testemunho do irmão Etienne – que conviveu muitos anos com o irmão Roger e também morou

---

104. Dentre as obras de Rahner sobre o assunto, limitamo-nos a citar a seguinte: *Über die evangelischen Räte*. In: *Schriften zur Theologie* VII, 1966, p. 404-434. De Von Balthasar, citamos: *Gli stati di vita del Cristiano* (Ellero Babini (trad.). Milão: Jaca Book, 2017. • La vita secondo i consigli, oggi. In: *Vita consacrata* VII, 1971/3, p. 187-196.
105. Cf. http://www.undertenofm.org/2019/es/presenza-francescana,i,20.html
106. SCHUTZ, R. *Viver o momento de Deus*. São Paulo: Duas Cidades, 1963, p. 117.

alguns anos no Brasil –, a vida de Francisco de Assis tinha uma ressonância particular nele, a ponto de celebrar muitas vezes a festa litúrgica de quatro de outubro com sua comunidade e de meditar sobre trechos do livro *Sabedoria dum pobre*, do franciscano Eloi Leclerc[107]. Recorde-se também que, em 1964, uma pequena fraternidade franciscana estabeleceu-se junto a Taizé, partilhando, ao longo de oito anos, do mesmo espírito de renovação evangélica que ali se respira[108].

Além desta grande proximidade de Taizé com a espiritualidade de Francisco de Assis e a Família Franciscana, desde muito jovem, o irmão Roger também demonstrou grande interesse pela tradição monástica ocidental. Já na adolescência, quando viveu uma prolongada crise de fé, sentiu-se atraído pela história da comunidade de Port-Royal, não por conta do seu jansenismo, mas da autenticidade da vida monástica que ali percebia[109]. Mais tarde, em 1941, inspirado na história da célebre abadia medieval, escreve o opúsculo *A comunidade de Cluny*, o qual atrairá a atenção dos seus dois primeiros companheiros, Max Thurian e Pierre Souvairan. Pouco depois, "denunciado à Gestapo pela sua ajuda aos refugiados judeus", viu-se forçado a retornar à Suíça, onde

---

107. LECLERC, E. *Sabedoria dum pobre*. 7. ed. Braga: Editorial Franciscana, 1983. No Brasil, os irmãos de Taizé se fazem presentes desde 1966 e, atualmente, residem num bairro periférico de Alagoinhas/BA.

108. Sobre isso, remetemos ao interessante testemunho de um dos integrantes do primeiro grupo de frades menores que se estabeleceu em Taizé, frei Thaddèe Matura, grande estudioso do franciscanismo, por ocasião do Capítulo dos jovens frades, realizado em Taizé, em 2019; cf. http://www.undertenofm.org/2019/es/presenza-francescana,i,20.html

109. GONZÁLEZ-BALADO, J.L. *O desafio de Taizé*. São Paulo: Paulinas, 1977, p. 44-47. O Jansenismo foi uma tendência espiritual de cunho extremamente rigorista, cujo nome deriva de Cornélio Jansênio (1585-1638), bispo de Ypres, na Bélgica. Jansênio escreveu a famosa obra *Augustinus*, condenada pela Igreja Católica em 1642 e 1653; cf. GRES-GAYER, J.M. In: *Dicionário Crítico de Teologia*. São Paulo: Paulinas/Loyola, 2004, p. 925-928. Tal movimento influenciou famílias importantes da França, bem como o célebre mosteiro cisterciense de Port-Royal des Champs, por cuja história o irmão Roger sentiu-se atraído.

concluiu sua faculdade de teologia com a sugestiva tese: *O ideal da vida monástica até S. Bento e a sua conformidade com o Evangelho*, cuja ideia central contrastava radicalmente com as de Lutero sobre a vida monástica e conventual[110]. É desse mesmo período outra sua obra de teor semelhante: *Introdução à vida comunitária*[111].

Por tudo isso, julgamos por bem servir-nos de algumas reflexões do irmão Roger a propósito do tema dos conselhos evangélicos, dada a grande importância que ele atribui aos mesmos, considerando-os imprescindíveis para uma autêntica vida comunitária cristã, como ele próprio admitiu certa vez respondendo à pergunta sobre se ele e seus irmãos, ao haverem adotado os três conselhos, estavam simplesmente copiando o cenobitismo tradicional:

> Nós devemos logo responder que tentamos lealmente não nos deixarmos impressionar pela experiência do passado. Nós quisemos fazer *tabula rasa* para receber tudo de maneira nova e, todavia, um dia nos encontramos diante da evidência: não poderíamos nos manter na vocação sem nos empenharmos totalmente na comunhão dos bens, na aceitação de uma autoridade e no celibato[112].

Essa grande importância atribuída aos conselhos evangélicos pelo irmão Roger fica muito evidente, em primeiro lugar, na *Regra de Taizé*[113], escrita entre 1952 e 1953, na qual, assim como Francis-

---

110. GONZÁLEZ-BALADO, J.L. *O desafio de Taizé*. Op. cit., p. 75.
111. SCHUTZ, R. *Introduction à la vie communautaire*. Genebra: Labor et Fides, 1944.
112. SCHUTZ, R. *Naissance des communautés dans les églises de la Réforme*. In: *Verbum Caro*, 33, 1955, p. 20 (tradução nossa). O termo cenobitismo diz respeito às formas de Vida Religiosa em comunidade, em contraposição aos termos eremitismo e anacoretismo, que designam a vida solitária.
113. SCHUTZ, R. *As fontes de Taizé*. São Paulo: Paulinas, 1984, p. 9. Dada a sua grande e rápida difusão, a *Regra de Taizé* foi comparada à *Imitação de Cristo*; cf. GONZÁLEZ-BALADO, J.L. *O desafio de Taizé*. Op. cit., p. 85. Há de se atentar para o fato de que, em 1940, o irmão Roger já havia escrito uma brevíssima regra que descreveu como "de inspiração toda franciscana"; cf. http://

co na *Regra dos Frades Menores*, ele não considera os conselhos a partir de uma perspectiva meramente legalista ou pragmática, mas da sua razão de ser mais profunda e da sua inspiração evangélica, de modo que, em certa medida, a prática dos mesmos apresenta-se como necessária não somente para os que deles fazem profissão através de votos, como também, para todos os que desejam uma vida cristã autêntica.

De fato, a propósito do celibato, a *Regra de Taizé* adverte que o mesmo "não significa indiferença ou ruptura das afeições humanas, mas um convite à sua transfiguração", pois "só Cristo transforma as paixões em amor total ao próximo". Com relação à pobreza, afirma categoricamente que, "em si, não é virtude", pois o que realmente importa é o espírito de pobreza que, por sua vez, consiste essencialmente em "viver a alegria do momento presente", uma vez que, "se Deus distribui gratuitamente os bens da terra, é graça para o homem dar aquilo que recebeu"[114].

Por fim, a respeito da obediência – palavra que o irmão Roger nunca usa, preferindo o termo "comunhão" –, considera o papel do prior indispensável para suscitar a unidade na comunidade, sem a qual "não há esperança de um audacioso e total serviço de Jesus Cristo", uma vez que "o individualismo desagrega a comunidade e a faz parar". Daí por que, por um lado, acredita que os demais membros da comunidade "por sua confiança no prior, ajudam-no a renovar-se na seriedade da sua vocação, para alegria de todos"; por outro, ao prior, adverte para que "não considere seu cargo superior aos demais, mas também não deixe de assumi-lo plenamente", além de que "se revista de

---

www.undertenofm.org/20i9/es/presenza-francescana,i,20.html Para uma consulta ao texto original da *Regra*, cf. a edição bilíngue: SCHUTZ, R. *The Rule of Taizé* (in French and English). Great Britain: SPCK, 2012.
114. SCHUTZ, R. *As fontes de Taizé*. Op. cit., p. 27, 29.

misericórdia e a peça continuamente a Cristo como a graça mais indispensável para ele"[115].

Essas interessantes reflexões sobre os conselhos evangélicos feitas pelo irmão Roger na sua *Regra* foram posteriormente aprofundadas, especialmente na obra *Viver o presente de Deus*, que já citamos, onde pode-se perceber, ainda com maior clareza, a sua afinidade com o pensamento de Francisco de Assis. De fato, nela o autor fala da castidade inspirado, também como o *Poverello*, na bem-aventurança da pureza de coração (cf. Mt 5,8), afirmando que "sem o desejo de ver a Deus, não existe a mínima esperança de perseverar na pureza do coração e da carne", de modo que, "sem a contemplação, malogrará inevitavelmente qualquer tentativa de purificação com o fito de ver a Deus"[116].

Além disso, na mesma linha de Francisco, situa a pobreza na perspectiva da fraternidade, da comunhão de bens que, por sua vez, não diz respeito somente às coisas materiais, pois "seu alvo é mais alto, devendo nos levar à comunidade dos bens espirituais, das alegrias e das penas"[117]. Também em Roger percebem-se ecos daquela concepção franciscana de obediência como "lugar teológico" de escuta e discernimento da vontade de Deus, quando adverte que "quem exerce o mando sabe bem que sua autoridade só é verdadeira no espírito de oração porquanto pressupõe desinteresse para buscar, junto com os irmãos confiados à sua guarda, a vontade soberana"[118].

Dentre os diversos reconhecimentos que recebeu, em 1962, o irmão Roger foi convidado, junto com o irmão Max, para assistir como observador às sessões do Concílio Vaticano II e, em 1974, foi

---

115. Ibid., p. 30-31.
116. SCHUTZ, R. *Viver o momento de Deus*. Op. cit., p. 90-91.
117. Ibid., p. 98.
118. Ibid., p. 109.

contemplado com o prêmio Templenton, conferido a personalidades que contribuem para o desenvolvimento da espiritualidade. Em 1988, por seu trabalho com as novas gerações, recebeu também o prêmio Unesco de Educação para a Paz.

Irmão Roger faleceu no dia dezesseis de agosto de 2005, aos noventa anos, assassinado por uma jovem portadora de doença mental.

Testemunho: frei Hans Stapel

Frei Hans Heinrich Stapel nasceu em Geseke, Alemanha, em 1945. No fim dos anos sessenta, a partir do contato com os franciscanos de seu país e de uma impactante experiência com os pobres em Biafra, na África, sente-se chamado para a Vida Franciscana e parte em missão para o Brasil, onde ingressa, em 1972, na Ordem dos Frades Menores. Em 1979 é ordenado presbítero, tornando-se pároco da Paróquia Nossa Senhora da Glória, em Guaratinguetá/SP. Ali, junto com o jovem Nelson Giovanelli Rosendo dos Santos, inicia a Fazenda da Esperança, comunidade terapêutica de recuperação de toxicodependentes, hoje presente em todo o Brasil e em outros 24 países. Em 1999, funda a "Família da Esperança", Associação Internacional de Fiéis que se consagram ao serviço da recuperação dos toxicodependentes, aprovada oficialmente pela Igreja Católica, em 2010. O trabalho de frei Hans tem recebido muitos reconhecimentos dentro e fora da Igreja Católica. Por exemplo, em 2007, a unidade da fazenda das Pedrinhas, em Guaratinguetá, recebeu a visita do Papa emérito Bento XVI, por ocasião da sua participação na V Conferência do Episcopado Latino-americano, em Aparecida/SP. Em 2015, frei Hans foi condecorado pelo governo alemão com a Cruz de Mérito da República Federal da Alemanha. Já em 2018, ele recebeu o prêmio Pomba Dourada da Paz, o segundo maior prêmio da paz em nível mundial. Partindo da pergunta: "Quem é

Francisco para você?", frei Hans inicia o seu belo testemunho que, agora, transcrevemos.

É mais do que uma pessoa ou a história de uma pessoa; ele é uma forma de vida, um estilo de vida construído no esforço de unir a humanidade nas suas dores, fragilidades e feridas, com o divino, o sobrenatural, a esperança. Francisco é um respiro divino na história. Sempre me toca a atitude de Francisco de abraçar o leproso, consciente do risco de ser contaminado e condenado a morrer apodrecendo. Imagino a repugnância que ele deve ter experimentado antes de dar este passo. Porém, o mais forte é que, uma vez dado o beijo, tudo mudou, como ele mesmo contou, começando a falar de doçura. O gesto de autossuperação transformou seu modo de ver. Os olhos humanos passaram a ser olhos de páscoa, de ressurreição. O leproso mudou a vida de Francisco.

Também eu pude fazer várias vezes esta experiência na minha vida. Como frade recém-ordenado, muitos jovens me procuravam na paróquia com diversas lepras, quer dizer, vícios de todo tipo: álcool, sexo, drogas, jogos etc. Não sabia o que fazer, mas tinha a certeza de que se tratava de uma doença pior do que a lepra: o egoísmo. De fato, a violência provocada pelos vícios não tinha limites, pois envolvia assaltos e mortes. Diariamente chegavam estas notícias até mim. Foi o exemplo de Francisco que me ajudou a abrir as portas da minha casa e da paróquia. A presença de cada um daqueles jovens me revelava algo misterioso, eu diria, divino. Era a presença de Jesus. Foi assim que nasceu o projeto para a recuperação de drogados que, sem esperar, nem planejar, cresceu e se tornou uma realidade muito grande, em mais de 150 comunidades espalhadas em todo o Brasil e em 24 países, onde atualmente vivem mais de quatro mil jovens.

A experiência do abraço do leproso se repetiu muitas vezes neste período de pandemia da Covid-19. Bateram à nossa porta muitos moradores de rua, homens e mulheres sem teto, sem carinho, muitos dos quais doentes, e meninas grávidas. Quantos "leprosos"! Havia incertezas diante do desconhecido, como o risco do contágio da doença, a quantidade sempre maior de pedidos e a preocupação em como manter economicamente todos eles. Mas o gesto de São Francisco nos fez abrir o coração e o de muitos outros, de modo que a solidariedade permitiu abrir as portas das fazendas para acolher a todos. Em menos de um ano chegamos a acolher mais de 2.500 irmãos e irmãs em situação de rua. Quanta felicidade e paz experimentamos em nosso coração! Quanta providência divina para poder manter todos eles em nossas casas por todo o país!

Para mim, São Francisco também é a inspiração de como viver os votos. Ele me ensina que a obediência não é estática e rígida, mas sim uma forma de viver a comunhão com meus superiores, e que começa pela obediência à Palavra de Deus. Cada Palavra colocada em prática me prepara à obediência concreta. Na realidade, a Palavra de Deus é que traz à nossa vida a eternidade, já que tudo passa, não Ela (cf. Mt 24,35; Mc 13,31; Lc 21,33). O contato com Ela nos doa algo de divino. É uma esperança forte que toma conta de mim. Por isso que, obedecendo à Palavra, obedeço ao próprio Jesus, que está em cada irmão, também no bispo, no superior, em todos. Facilita obedecer a Jesus neles.

Lembro de um fato importante na minha história. Estava chegando a hora de ser transferido depois da minha ordenação sacerdotal. Como padre missionário e jovem, teria meu primeiro destino no Brasil. Chegou o Ministro Provincial para falar com cada um dos novos sacerdotes e eu lhe demonstrei meu grande desejo de trabalhar na Baixada Fluminense. Reforcei que, como missionário estrangeiro, sentia forte a missão ali, pois, para mim, o sul do Brasil era como a Europa. E ele disse: "Eu entendo o que está no teu coração", e me recomendou que eu ficasse tranquilo porque ele precisava de muitos frades na Baixada. Fiquei contente.

Mas ele foi para Roma participar do Capítulo Geral da Ordem e o vice-provincial, logo depois, escreveu-me uma carta me transferindo para Guaratinguetá, dizendo que, por causa da doença de um frade, precisava de mim lá. No fim da carta, com algumas frases, lembrou-me do voto de obediência. A princípio não conseguia entender. A tentação de dizer "não" era forte. Mas a Palavra, a um certo momento, me dizia: "Quem vos ouve, a mim ouve" (Mt 10,16), o que me fez refletir e, finalmente, me deu força para obedecer e aceitar a transferência para Guaratinguetá. Hoje entendi por que fui transferido para cá. Foi neste lugar que encontrei as pessoas que depois construíram a realidade que hoje se chama "Fazenda da Esperança". Não sei se esta obra teria nascido sem o meu ato de obediência.

A pobreza. Como procuro vivê-la? Hoje, mais do que nunca, a pobreza é necessária. O mundo está se perdendo na corrupção e no consumismo, pior do que no tempo de São Francisco. E palavras e palestras não resolvem. Francisco abraçou a pobreza radical, reformou a Igreja e toda uma época. Recordo quando a Província me deu a possibilidade de deixar a paróquia e assumir a Fazenda que já crescia e exigia minha presença permanente. Aquele foi o momento onde me senti muito pobre. Deixei de ser pároco e tantos outros cargos na diocese e, de repente, estava somente no meio dos jovens, numa casinha pequena, sem nada. Experimentei uma pobreza muito forte! Mais do que material, era no nível do meu ser mais profundo. Mas abraçando e vivendo em meio destes leprosos de hoje, além da Fazenda da Esperança, nasceu também uma comunidade nova, a Família da Esperança, que hoje reúne muitos homens e mulheres de diferentes estados de vida que decidiram se consagrar a Deus em favor dos últimos, dos mais pobres.

A castidade para mim não é o voto mais difícil. Se alguém se apaixona por Deus e vive o amor universal, quer dizer, ama a todos, encontra uma força espiritual enorme, uma alegria contagiante. Quantas vocações eu vi nascerem desta minha doação total! Nestes quase cinquenta anos de vida celibatária, centenas de jovens decidiram entregar suas vidas a Deus numa vocação consagrada. Lembro-me que, quando estava deitado no chão, durante a minha ordenação sacerdotal, pedi ao Senhor que me concedesse a graça de suscitar uma vocação consagrada por ano. Nos primeiros doze anos em que fui pároco, em Guaratinguetá, 26 jovens se consagraram a Deus em alguma comunidade religiosa ou como sacerdotes. E nos anos que se seguiram até hoje, pela graça de Deus, mais de 1.300 são os que querem se dedicar ao carisma da Esperança em favor daqueles que mais sofrem, na Fazenda da Esperança.

Eu diria que os votos estão todos resumidos no amor: amar a todos, amar por primeiro, amar o inimigo, amar cada um como eu gostaria de ser amado. Enfim, este é o caminho para se viver em plenitude a própria vocação franciscana.

V
Fraternidade

Uma das formas concretas pelas quais Francisco vivenciou o seguimento de Jesus Cristo foi a vida *de* e *em* fraternidade. Realmente, se o senso comum quase sempre identifica a Espiritualidade Franciscana com a pobreza, os que a conhecem e vivenciam mais de perto valorizam muito a dimensão da fraternidade, considerando-a como uma realidade que confere à pobreza o seu real significado. De fato, muitos dos vocacionados à Vida Franciscana, nas suas mais diversas expressões, sentiram-se atraídos à mesma justamente por força de alguma significativa experiência de vida fraterna com a qual tiveram contato, assim como não poucos dela se afastaram alegando dificuldades neste âmbito.

Certamente, a relevância desta questão deriva, fundamentalmente, das necessidades humanas de relacionamento interpessoal e de convivência social às quais a Espiritualidade Franciscana responde. Mas, como veremos em seguida, a experiência de fraternidade possui, como tudo em Francisco, uma inspiração teológico/espiritual muito profunda, uma vez que intenta ser como que a continuidade daquela convivência de Jesus com seus apóstolos e desses entre si.

Portanto, o modelo de convivência humana e cristã por excelência é, para Francisco, a forma de vida dos apóstolos e não, como no monaquismo, a vida das primeiras comunidades cristãs, o que explica a ausência, nos textos dele, da palavra comunidade (*communitas*), muito usada desde a Antiguidade para falar da vida monástica e das formas de Vida Religiosa dela derivadas. Trata-se de uma diferença não somente de linguagem, mas também de compreensão, pois, enquanto na *communitas* a ênfase recai mais sobre o conjunto da instituição, de modo a se garantir a unidade do grupo religioso, na *fraternitas* a ênfase maior é dada para a pessoa de cada irmão e irmã, buscando-se, a partir disso, fomentar o amor recíproco e espontâneo entre todos[119].

Porém, a proposta de vida fraterna feita por Francisco não diz respeito somente às relações entre os que mais diretamente assumem a forma de vida franciscana ou se inspiram nos seus ideais, mas também às relações dos mesmos com todas as pessoas e com toda a criação. Por isso, neste capítulo, vamos nos ater à concepção que Francisco tem de fraternidade relativa aos relacionamentos entre aqueles e aquelas que, desde muito cedo, propuseram-se seguir a sua mesma forma de vida, para, especialmente nos capítulos sobre a evangelização e a ecologia, falarmos dos desdobramentos desta experiência com relação às demais pessoas e seres da criação.

Escritos de Francisco

Em primeiro lugar, é preciso dizer que a palavra fraternidade aparece somente dez vezes em Francisco, sendo usada para designar o grupo dos que professam a mesma *Regra de Vida*, a Ordem dos Frades Menores, adquirindo, portanto, um sentido mais "institucional". Em outras palavras, fraternidade é a Ordem Franciscana enquanto instituição à qual ele se refere também com outras palavras, como religião e ordem, sem nunca usar, como já dissemos, a palavra comunidade.

---

119. Cf. URIBE, F. *Núcleos del carisma de San Francisco de Asís*. Op. cit., p. 297-299.

Porém, o que salta mais aos olhos nos *Escritos de Francisco* é o termo irmão (*frater*), o segundo substantivo mais usado por ele (306 vezes), depois do substantivo Senhor (*Dominus*), recorrente por 410 vezes. Isso é muito significativo, pois denota a grande importância que Francisco dá a essas duas relações fundamentais: com Deus e com as pessoas, relações que ele considera inseparáveis.

Daí por que a concepção que Francisco tem de fraternidade está ancorada sobre uma profunda experiência de fé, a começar pela descoberta muito pessoal da paternidade de Deus, sobre a qual refletimos a propósito do episódio do seu despojamento diante do Bispo de Assis. De fato, o reconhecimento de que cada companheiro e companheira que vem juntar-se a ele e de que todas as pessoas e todas as criaturas são irmãos e irmãs deriva do fato de que, para o Pobrezinho, todos temos um pai comum, ou seja, todos provimos de um único princípio criador cuja essência é a própria bondade. Isso explica também por que ele reza tão frequentemente louvando àquele a quem chama de "sumo bem" (LH 11; LD 3; Rnb 23,9) e "bom Senhor" (Cnt 1; cf. RnB 17,18; 23,9; 1Fr 55) e que, justamente por isso, é também o "Pai santo" (RnB 23,1), o "santíssimo Pai nosso" (PN 1), uma vez que sua santidade consiste sobretudo na sua bondade.

Deste Pai santo e bom, o Filho por excelência é o próprio Jesus Cristo, de modo que, ao nos tornarmos, pela fé, filhos e filhas de Deus e, portanto, irmãos e irmãs de Cristo, somos também dados como irmãos e irmãs uns aos outros por Ele, como Francisco afirma com muita clareza no seu *Testamento*, quando reconhece: "O Senhor me deu irmãos" (Test 14). Portanto, os irmãos e irmãs são dons de Deus, de modo que a fraternidade franciscana não possui uma origem simplesmente humana, biológica ou sociológica, mas se origina na adesão de cada pessoa àquela que Francisco chama de "divina inspiração" (RB 12,2; 2,8; RnB 2,1; 1Fr 58; FV 1) e na busca comum em se "desejar, acima de tudo, possuir o Espírito do Senhor e seu santo modo de operar" (RB 10,9). Estes são os que Francisco chama de "irmãos espirituais", cujos laços de união devem ser mais fortes do que os daqueles entre os irmãos e irmãs carnais (biológicos), como sugere Francisco ao perguntar: "se a mãe nutre e ama a seu filho carnal, quanto mais diligentemente não deve cada um amar e nutrir a seu irmão espiritual?" (RB 6,9).

De tudo o que se disse, percebe-se que se, por um lado, o termo fraternidade possui nos *Escritos de Francisco* um significado mais "institucional", jurídico, por outro, a palavra irmão/irmã, usada com tanta frequência por ele e com conotações teológicas tão profundas, leva-nos a perceber que a fraternidade, antes que uma instituição ou organização, diz respeito a atitudes concretas em relação às pessoas, a um modo de viver do qual deriva um modo de conviver.

Tais atitudes conferem à fraternidade franciscana características muito marcantes, tais como: a igualdade, a reciprocidade, a misericórdia e a alegria[120], que, por sua vez, possuem um traço comum muito forte: a minoridade, de tal modo que, como defende Fernando Uribe, "poder-se-ia qualificar a fraternidade de minorítica e a minoridade de fraterna"[121]. Sobre a minoridade, falaremos melhor no próximo capítulo. Antes, porém, julgamos importante refletir sobre a questão da fraternidade também nas fontes hagiográficas.

Contextos biográficos: o frade perfeito

O tema da fraternidade se faz muito presente nas fontes hagiográficas, uma vez que, como já observamos, desde muito cedo, a Francisco vêm se juntar os primeiros companheiros que, rapida-

---

120. Ibid., p. 305-317.
121. Ibid., p. 322.

mente, se multiplicam e, em 1212, são enriquecidos com a presença de Clara e das suas irmãs do mosteiro de São Damião. Uma fonte em particular, o *Anônimo Perusino*, situa a vida de Francisco em estreita relação com aquela dos seus irmãos da primeira hora, como é dito com clareza no seu *incipit*, isto é, nas palavras com as quais inicia: "Primórdios ou fundação da Ordem e atos daqueles frades menores que foram os primeiros na Religião e companheiros do bem-aventurado Francisco"[122]. Assim, poderíamos muito bem nos inspirar nesta fonte para tratarmos do tema em questão.

Escolhemos, no entanto, uma passagem de uma fonte mais tardia, o *Espelho da Perfeição*, cuja data hoje é colocada pela maioria dos estudiosos já no início do século XIV[123], ou seja, bastante condicionada pelo contexto da controvérsia entre o grupo dos chamados Espirituais ou Zelantes e o da Comunidade[124]. Não obstante isto, julgamos oportuno inspirar-nos no capítulo 85 desta fonte intitulado *Como lhes descreveu o frade perfeito*, por conta

---

122. Cf. AP 1. Note-se que a palavra Religião, aqui, não é sinônimo de cristianismo, mas, de acordo com o vocabulário da época, de Vida Religiosa, no caso, a nova forma de Vida Consagrada inaugurada por Francisco e seus companheiros.

123. A discussão sobre a data, autor e valor histórico do *Espelho da Perfeição* dominou os primórdios da chamada "Questão Franciscana" que, fundamentalmente, diz respeito às interrogações sobre a identidade, o valor, a interdependência e o contexto histórico das fontes hagiográficas franciscanas escritas entre os séculos XII e XIV; cf. DI FONZO, L. Questione Francescana. In: *Dizionario degli Istituti di Perfezione*. Roma, 1983, p. 1.133. Paul Sabatier, pastor calvinista do século XIX que deu grande impulso aos estudos modernos sobre São Francisco, defendeu, até o fim da vida, que a obra é de 1227; portanto, anterior à *Primeira Celano*, tendo frei Leão como autor, o que foi logo refutado por diversos estudiosos. Sobre isso, cf. URIBE, F. *Introduzione alle fonti agiografiche di San Francesco e Santa Chiara d'Assisi*. Op. cit., p. 337-346.

124. Trata-se de duas grandes tendências que começaram a se manifestar com clareza na Ordem Franciscana já pelos anos quarenta do século XIII e que, *grosso modo*, baseavam-se em duas interpretações divergentes da *Regra* e do *Testamento* de Francisco, sobretudo com relação à pobreza: uma, de caráter mais literalista e rigorista (Espirituais); outra, mais favorável as evoluções históricas e às intepretações emanadas pelas autoridades eclesiásticas (Comunidade). Sobre isso, cf. IRIARTE, L. *História Franciscana*. Petrópolis: Vozes, 1979, p. 49-93.

da sua singeleza e grande popularidade entre os simpatizantes e adeptos da Espiritualidade Franciscana. Eis o texto:

> De certo modo transformado nos santos frades pelo ardor do amor e pelo fervor do zelo que tinha pela perfeição deles, o santíssimo pai pensava muitas vezes dentro de si sobre as qualidades e virtudes que deviam ornar um bom frade menor. E dizia que seria bom frade menor aquele que tivesse a vida e as qualidades destes santos frades: a fé de Frei Bernardo, que, com o amor à pobreza, a teve de forma perfeitíssima; a simplicidade e a pureza de Frei Leão, que foi realmente de uma pureza santíssima; a cortesia de Frei Ângelo, que foi o primeiro cavaleiro a entrar na Ordem e que era ornado de toda a gentileza e benignidade; o aspecto gracioso e o senso natural com a conversa agradável e devota de Frei Masseu; a mente elevada em contemplação que Frei Egídio teve até a máxima perfeição; a virtuosa e constante oração de Frei Rufino, que rezava sempre, sem interrupção: mesmo dormindo ou fazendo alguma coisa tinha sempre seu espírito com o Senhor; a paciência de Frei Junípero, que atingiu um estado perfeito de paciência, porque tinha plena consciência da própria vileza, que continuamente tinha diante dos olhos, e um ardente desejo de imitar a Cristo no caminho da cruz; o vigor corporal e espiritual de Frei João di Lodi, que, naquele tempo, ultrapassou todos os homens em força física; a caridade de Frei Rogério, cuja vida inteira e comportamento estavam no fervor da caridade; e a solicitude de Frei Lúcido, que teve grandíssima atenção e quase não queria morar um mês no mesmo lugar, mas quando lhe agradava ficar num lugar, imediatamente se afastava e dizia: "Não temos morada aqui, mas no céu[125].

---

125. 2EP 85. Não encontramos um paralelo completo desse texto em outras fontes hagiográficas. Mas fazemos notar que, na 1Cel 102 se encontra uma graciosa

Como se pode perceber da leitura deste texto, as qualidades dos frades destacadas pelo *Espelho da Perfeição* correspondem à concepção de perfeição do grupo dos Espirituais, daí por que, mesmo incluindo qualidades corporais, como o aspecto gracioso de frei Masseu e a força física de frei João di Lodi, não constam deste elenco características de tipo intelectual, como a ciência e a inteligência, não muito apreciadas pelo referido grupo.

Porém, pensamos que mais relevante do que as qualidades consideradas particularmente – às quais, certamente, poder-se-iam acrescentar tantas outras – seja o conjunto das mesmas, apresentado como ideal de perfeição. De fato, o frade perfeito, para Francisco, não é aquele que possui determinadas virtudes abstratamente concebidas, mas o que possui as qualidades dos seus irmãos reais, concretos, de modo que até mesmo as características físicas deles são contempladas. Mais precisamente, podemos concluir que o frade perfeito é a fraternidade real, é o conjunto das qualidades de cada irmão e irmã consideradas como dons que pertencem a todos.

Desse modo, superam-se todas as tendências personalistas e todos os complexos de inferioridade e de superioridade entre as pessoas, uma vez que, nesta perspectiva, não há qualidade maior ou melhor do que as outras, pois o que de fato existe são as pessoas concretas, chamadas a partilhar tudo o que são e os dons que possuem na mesa comum da fraternidade.

Atualidade: Chiara Lubich

Dentre tantos autores e autoras contemporâneos que se inspiram em Francisco de Assis quando refletem sobre a questão da fraternidade, destacamos o pensamento de uma das mulheres mais

---

descrição das virtudes que caracterizavam os quatro companheiros que serviram de *enfermeiros* de Francisco, nos seus dois últimos anos.

influentes do cristianismo do século XX: Chiara Lubich, fundadora de um dos mais importantes movimentos de espiritualidade da Igreja Católica da atualidade, o Movimento dos Focolares.

Nascida em Trento, Itália, aos 22 de janeiro de 1920, de uma mãe católica praticante e de um pai socialista, mas muito respeitoso da religião, foi batizada com o nome de Sílvia Lubich. Dotada de grande inteligência, já com dezenove anos, obtém o diploma de Professora Registrada de Ensino Público, lecionando em diversas escolas da região de Trento. Aos vinte anos, começa a lecionar na escola dos Frades Menores Capuchinhos de Trento, pelos quais foi convidada a ingressar na Ordem Terceira Franciscana, como era então chamada a Ordem Franciscana Secular[126].

Segundo o costume da época, ao ingressar na Ordem, a pessoa devia assumir um novo nome, significando a nova identidade religiosa recebida. Sílvia escolhe, então, o nome Chiara, em referência a Santa Clara de Assis, como ela própria testemunha:

> Eu era já uma grande admiradora de São Francisco de Assis e, por isso, escolhi o nome Chiara. Gostava de Clara de Assis porque, quando ela se consagrou a Deus e São Francisco cortou seus cabelos perguntando-lhe: "Filha, o que desejas?", ela respondeu: "Deus". Depois, ao ler a Bula de sua canonização, vi que era maravilhosa, era toda "luz, caridade; caridade, luz". Também li a biografia de Clara. Realmente gostei, principalmente quando diz que ela deixou atrás de si "um rastro pleno de luz". Isto me atraiu[127].

Aos poucos, porém, foi ficando cada vez mais evidente que sua vocação não era nem a de Franciscana Secular, nem mesmo

---

126. GALLAGHER, J. *Chiara Lubich* – Uma mulher e sua obra. São Paulo: Cidade Nova, 1998, p. 22-34. Para uma excelente antologia de textos de Chiara, recomendamos VANDELEENE, M. (org.). *Chiara Lubich: ideal e luz* – Pensamento, espiritualidade, mundo unido. São Paulo: Brasiliense/Cidade Nova, 2003.
127. GALLAGHER, J. *Chiara Lubich...* Op. cit., p. 35.

a matrimonial ou a religiosa, mas uma nova forma de vida cristã para a qual foram se sentindo atraídas também outras jovens, suas primeiras companheiras.

Com o eclodir da Segunda Guerra Mundial, os bombardeios sobre Trento se intensificavam. Chiara e suas companheiras eram constrangidas a abrigar-se nos refúgios antiaéreos para onde levavam as coisas indispensáveis, dentre as quais o livro dos Evangelhos cujas palavras, lidas naquele contexto, pareciam-lhes se iluminar: "Eu as vi iluminarem-se uma a uma como se fossem completamente novas e como se eu as estivesse lendo pela primeira vez"[128].

Dentre as tantas frases dos Evangelhos lidas por elas naquelas circunstâncias, destacam-se aquelas mais diretamente relacionadas ao amor fraterno, de forma que, na espiritualidade do seu Movimento dos Focolares, confere-se um primado absoluto ao mandamento cristão do amor recíproco (cf. Jo 15,12-13) que, segundo Chiara, torna possível a presença espiritual de Jesus Cristo em meio aos seus discípulos e discípulas (cf. Mt 18,20). Daí se entende a importância da fraternidade para Chiara Lubich, uma vez que a mesma constitui a condição de possibilidade de Jesus Cristo fazer-se espiritualmente presente nos mais diversos ambientes e entre os mais diversos tipos de pessoas, também, de certa forma, entre os não cristãos e os não crentes. Disso deriva o forte apelo ecumênico e inter-religioso do Movimento dos Focolares, uma vez que, desde os tempos dos refúgios antiaéreos, Chiara e seus seguidores sentem-se chamados a contribuir para a realização daquele desejo contido na chamada oração sacerdotal de Jesus: "Que todos sejam um" (Jo 17,21), razão pela qual a sua é também conhecida como a Espiritualidade da Unidade.

De tudo o que foi dito, ficam evidentes as grandes sintonias entre o carisma de Francisco e o de Chiara Lubich, especialmente a

---

128. Ibid., p. 66.

sua inspiração radicalmente evangélica e a centralidade que ambos atribuem à fraternidade para a experiência de fé. Aliás, um paralelo muito interessante entre as duas espiritualidades foi traçado pela própria Chiara em um discurso proferido na Basílica de São Francisco, em Assis, no ano 2000, do qual citamos um trecho em que ela fala mais explicitamente do tema da fraternidade

> No que se refere ao mandamento novo de Jesus, também Francisco deseja que os seus irmãos se amem reciprocamente. Ele afirmou: "Que eles se amem sempre como eu os amei e amo". E da comunidade de Santa Clara está escrito: "Domina entre elas, acima de tudo, a virtude de uma contínua e mútua caridade". Nós, como acabei de mencionar, almejamos a fraternidade universal até chegar ao sonho de um "mundo unido". Mas não foi este o objetivo também de São Francisco, que abraça, com todos os homens, também o cosmo com o sol e a lua e as estrelas?[129]

Alguns anos depois, em 2004, dirigindo-se a quase nove mil pessoas, na primeira edição do "Juntos pela Europa", depois de enumerar vários exemplos de pessoas e movimentos que, ao longo da História, defenderam a bandeira da fraternidade, ela assim se expressou, mencionando novamente Francisco:

> Quem, ao invés, proclamou a fraternidade universal e nos deu o modo de realizá-la foi Jesus. Ele, nos revelando a paternidade de Deus, abateu os muros que separam os "iguais" dos "diferentes", os amigos dos inimigos. E libertou cada homem das mil formas de subordinação e de escravidão, de todo relacionamento injusto, realizando, assim, uma autêntica revolução existencial, cultural e política. Além disso, muitas correntes espirituais, no decorrer dos séculos, procuraram

---

129. Cf. https://movimentotrapanihome.files.wordpress.com/2019/11/affinitc3a0-tra-la-spiritualitc3a0-francescana-e-la-spiritualitc3a0-dei-focolari.pdf (tradução nossa).

atuar essa revolução. Uma vida realmente fraterna foi, por exemplo, o projeto audaz e obstinado de Francisco de Assis e dos seus primeiros companheiros[130].

Chiara, porém, refere-se ao tema da fraternidade sobretudo em termos de amor recíproco, dado que, segundo ela, este projeto de fraternidade universal, na perspectiva cristã, somente pode ser realizado através do amor:

> O instrumento que Jesus nos ofereceu para realizar essa fraternidade universal é o amor: um amor grande, um amor novo, diferente daquele que habitualmente conhecemos. Ele, Jesus, de fato, transplantou na Terra o modo de amar do Céu. Esse amor exige que se ame a todos, portanto, não só os parentes e os amigos. Pede que amemos o simpático e o antipático, o concidadão e o estrangeiro, o europeu e o imigrante, aquele da própria Igreja e aquele de outra, da própria religião e de uma diferente [...]. Esse amor pede que amemos também o inimigo e que o perdoemos, se, por acaso, ele nos fez algum mal[131].

Tal experiência de amor fraterno que, como dissemos, foi fortemente vivenciada por Chiara e suas companheiras nos refúgios antiaéreos de Trento, tendo conquistado os corações de muitos homens e mulheres das mais diversas culturas e condições sociais,

---

130. Cf. https://www.focolare.org/pt/news/2020/10/05/chiara-lubich-a-fraternidade-universal/ • "Juntos pela Europa" é um espaço de convergência entre vários movimentos e comunidades de diversas igrejas cristãs que, desde 1999, buscam responder, de maneira conjunta, aos grandes desafios do continente, a partir da contribuição dos seus carismas específicos; cf. https://www.together4europe.org/

131. Cf. https://www.focolare.org/pt/news/2020/10/05/chiara-lubich-a-fraternidade-universal/ • Sobre o tema da fraternidade em Chiara remetemos especialmente às obras: LUBICH, C. *O amor mútuo* (Florence Gillet (org.)). São Paulo: Cidade Nova, 2013. • *A unidade* (Donato Falmi e Florence Gillet (orgs.)). São Paulo: Cidade Nova, 2015. • *A arte de amar*. São Paulo: Cidade Nova, 2006. Sugestiva também sobre o tema é a obra de vários autores ligados ao Movimento dos Focolares: *Fraternidade e humanismo – Uma leitura interdisciplinar do pensamento de Chiara Lubich*. São Paulo: Cidade Nova, 2014.

desdobrou-se, por sua vez, em movimentos que incidem nos mais diversos âmbitos da vida humana, também naqueles político e econômico, onde a categoria da fraternidade parece não ter quase espaço[132].

De fato, por ocasião de uma sua visita ao Brasil, em 1991, a partir do forte impacto sofrido por ela ao observar de perto os grandes contrastes sociais do país: os gigantes arranha-céus ao lado das imensas favelas, Chiara lança o projeto chamado de "Economia de Comunhão na Liberdade". Assim, reunida com empresários ligados à sua espiritualidade, ela os convoca a formarem polos de empresas cujos lucros deveriam ser colocados em comum e destinados a três grandes finalidades: a assistência aos mais pobres, a formação de "homens e mulheres novos" – vale dizer, capazes de viver a cultura da partilha – e, por fim, o desenvolvimento da própria empresa[133].

Passados dez anos do início desta experiência, Chiara recorda, a mais de setecentos empresários e pessoas aderentes a este projeto, a finalidade primordial da Economia de Comunhão que, por sua vez, coincide com o próprio ideal da fraternidade universal proposto por Jesus:

> A finalidade da Economia de Comunhão está encerrada no seu próprio nome, pois é uma economia que tem a ver com a comunhão entre os homens e com os bens. De fato, sendo a Economia de Comunhão um fruto do nosso Ideal, esta sua finalidade só pode ser uma expressão parcial da finalidade mesma do nosso Movimento, ou seja, trabalhar em vista da unidade,

---

132. Sobre a fraternidade como categoria política na perspectiva da Espiritualidade da Unidade, cf. BAGGIO, A.M. *O princípio esquecido*. Vol. 1 e 2. São Paulo: Cidade Nova, 2009/2010.

133. VANDELEENE, M. (org.). *Chiara Lubich*: ideal e luz... Op. cit., p. 348. No Brasil, há dois desses polos empresariais: o primeiro, chamado Spartaco, localizado em Cotia/SP, e o outro, chamado Ginetta, em Igarassu/PE.

da fraternidade de todos os homens, que Jesus pede ao Pai na sua palavra-oração: "Que todos sejam um" para que eles se tornem, assim, um só coração e uma só alma, mediante a caridade mútua[134].

Nesta mesma linha, está o Movimento Político pela Unidade, fundado em 1996 por Chiara, junto com políticos adeptos à espiritualidade dos Focolares, e cuja especificidade, de acordo com as suas palavras, reside justamente no primado da fraternidade sobre os interesses pessoais ou partidários:

> Sabemos que a redenção realizada por Jesus na cruz transforma interiormente todos os laços humanos, introduzindo o Amor divino e tornando-nos, desse modo, irmãos. Ora, isso tem um profundo significado para o nosso Movimento, se pensarmos que o grande projeto político da modernidade previa, como sintetiza o lema da Revolução Francesa, "liberdade, igualdade, fraternidade". Mas, se os primeiros dois princípios conheceram formas parciais de atuação, a fraternidade, ao contrário, a despeito das declarações formais, no plano político foi quase que esquecida. Exatamente essa pode ser *a característica específica do nosso Movimento: a fraternidade*; e por ela adquirem significados novos e assim poderão ser mais plenamente alcançadas também a liberdade e a igualdade[135].

Ao longo dos anos, a inspiração e a atuação de Chiara foram sendo sempre mais reconhecidas dentro e fora da Igreja Católica. Prova disso são os dezesseis doutorados *Honoris Causa* nas mais diversas áreas do saber, as cidadanias honorárias em muitas cidades do mundo e os diversos prêmios que recebeu, como o Templeton,

---

134. VANDELEENE, M. (org.), *Chiara Lubich*: ideal e luz... Op. cit., p. 352.
135. Ibid., p. 301 (grifos da autora). O Movimento Político pela Unidade existe também no Brasil, desde 2001, dele participando políticos dos mais diversos partidos.

em 1977, o prêmio da Educação para a Paz da Unesco, em 1996, e o Direitos Humanos, pelo Conselho da Europa, em 1998. No Brasil, foi condecorada, em 1998, com a Ordem Nacional do Cruzeiro do Sul: a mais alta honraria concedida pelo país a uma personalidade estrangeira.

Depois de um longo período de enfermidade, Chiara faleceu no centro do Movimento, em Rocca di Papa, aos quatorze de março de 2008, com 88 anos.

Testemunho: Helder Pavanelli Lopes e Ângela Maria de Albuquerque Lopes

Mineiros de São João Nepomuceno, Helder e Ângela, nascidos respectivamente em 1940 e 1944, casaram-se em Belo Horizonte, em 1971. Portanto, neste ano de 2021, celebraram suas bodas de ouro matrimoniais. Ângela foi professora e Helder, funcionário da Cerj (Companhia de Eletricidade do Estado do Rio de Janeiro). Ambos pertencem à Fraternidade Nossa Senhora dos Anjos da Ordem Franciscana Secular (OFS), em Petrópolis/RJ, tendo exercido nela vários serviços: Helder, formador e tesoureiro, Ângela, secretária e vice-ministra. Além disso, são leigos atuantes em várias pastorais e movimentos eclesiais, tais como: Vicentinos, Ministério Extraordinário da Eucaristia, Encontros de Casais com Cristo, Pastoral familiar, Oficinas de Oração e Vida, Curso de Noivos, Obra de Maria (Obra do Berço) e Grupos de Orações. Desse modo, Ângela e Helder tem muito a nos dizer sobre a vivência do espírito franciscano nos âmbitos familiar, social e eclesial.

Acabamos de completar cinquenta anos de vida matrimonial, um caminho que trilhamos vencendo desafios, buscando as luzes do Alto para permanecermos fiéis na barca em que o Senhor nos colocou para atravessarmos o oceano desta vida. A graça foi concedida e Ele permaneceu conosco renovando nossas forças, inspirando-nos e incentivando-nos a nunca desistir e a galgar sempre mais um degrau, para crescermos em espírito e verdade.

A Vida Franciscana sempre foi uma inspiração nesta caminhada a dois. O desapropriar-nos do ego, a vida orante, a busca da conversão diária e o serviço aos menos favorecidos, sem acepção nenhuma, pobres ou ricos, como o Cristo sempre nos ensinou. Esta consciência nos levou à Ordem Franciscana Secular.

A Fraternidade Franciscana, assim como o matrimônio e a vida em sociedade, é o lugar por excelência para vivermos este ideal cristão franciscano. Na Fraternidade, como no mundo, encontramos o humano – como nós –, com todos os dons maravilhosos concedidos aos filhos de Deus e também com todas as sombras que lhe são inerentes e que necessitam de constante combate. A Fraternidade e o mundo são escolas de vida, lugares de se colocar o "pé no chão" e de se conviver com a realidade humana, diante da qual necessitamos revestir-nos de humildade, firmeza, luz e sabedoria para aprender e ensinar.

A Vida Franciscana é sempre uma contínua tentativa de ser como Francisco que, por sua vez, nos remete a Jesus, em sua dolorosa crucificação e sua gloriosa ressurreição. Nunca estaremos prontos, sempre haverá algo mais a vencer, a lapidar e a transformar. Seja no matrimônio, como na Fraternidade e na sociedade, não há dicotomias nesta experiência, pois, a vida se entrelaça em todos os sentidos, sendo Cristo o Altíssimo ideal, Francisco, o profeta, revelando os caminhos, e os homens e mulheres, seguindo estas sagradas pegadas, buscadores da Paz e do Bem.

Testemunho: Maria Elisa Sphair Gadens

Nascida em Campo Largo/PR, em 1963, Maria Elisa Sphair Gadens, carinhosamente chamada de Ziza, é casada há 37 anos com Valdemiro Chemim Gadens, tendo três filhas e um casal de netos. Formada em Psicologia pela Universidade Federal do Paraná, trabalhou como professora do ensino fundamental durante cinco anos e atuou como psicóloga clínica, atendendo jovens e adultos. Posteriormente, exerceu a função de sócia administradora da empresa Obra Prima Construções Civis Ltda. Na Paróquia de Nossa Senhora da Piedade, de Campo Largo, atuou na Liturgia, na Catequese e na Pastoral Hospitalar. Muito identificada com a Espiritualidade Franciscana, frequenta, desde a sua fundação, as celebrações da Fraternidade Franciscana São Boaventura de Campo Largo (Rondinha), da qual é amiga e benfeitora.

Nasci numa família católica, onde a espiritualidade sempre ocupou um lugar especial. São Francisco entrou na minha vida de mansinho, através das vivências na Fraternidade São Boaventura, em Rondinha. Ele é, para mim, guia e inspiração. Seu jeito humilde, simples, despojado, terno e alegre, sua devoção a Maria, seu modo de dialogar, de acolher e de ser fraterno, falaram ao meu coração... Eu buscava respostas, especialmente para a dor e o sofrimento. Procurava um caminho onde a Palavra de Deus e a vida tivessem uma conexão próxima e coerente.

Lembro-me de que, quando eu e minha família começamos a frequentar as missas na Fraternidade, ficamos admirados e motivados com a profundidade das homilias, a beleza da capela e a harmonia dos cantos entoados durante as celebrações. A Fraternidade tinha uma configuração singular: os freis mais idosos com sua sabedoria, os formadores com suas mentes brilhantes e sua generosidade em partilhar, os freis estudantes com sua alegria, os irmãos que cuidavam da horta e dos jardins e as irmãs que, entre outros afazeres, com delicadeza e capricho, ornamentavam a capela e preparavam as refeições. Fomos acolhidos e, aos poucos, nos sentíamos "em casa".

O caminho da santidade percorrido pelos irmãos na Fraternidade é marcado por uma infinidade de pequenos gestos que fizeram a diferença nas nossas vidas: a vivência das virtudes, o amor à Palavra, o incentivo para estarmos em comunhão com o Criador e com todas as suas criaturas, a oração perseverante, a disposição em servir, o silêncio, o cuidado com o meio ambiente, o uso racional dos bens, a ideia de que o "pouco" que é partilhado torna-se suficiente para muitos, o exercício da paciência, do diálogo, o desejo de fazer bem todas as coisas...

Atraídos por esta forma fraterna de viver o Evangelho, nenhuma insistência se fazia necessária para "levantar-se cedo" e ir às missas aos domingos. Além das celebrações, experimentamos profundas vivências de fé (especialmente no tempo da Páscoa), palestras, momentos de oração e encontros festivos. Tudo isso nos traz uma grande alegria. O grande desafio para nós, que vivemos "fora da Fraternidade", é colocarmos em prática o que ouvimos e vivenciamos "dentro da Fraternidade": como atender às demandas da família e da vida social e profissional de modo fraterno e generoso? Durante esta busca, Deus se aproximou de mim e falou em minha vida...

Eu estava na sala de espera de uma UTI e iria visitar meu pai, que estava hospitalizado. Focada na minha dor, sentia-me só e impotente. Nessa ocasião, presenciei a chegada de um senhor que, entre lágrimas, pediu à enfermeira permissão para visitar seu jovem filho hospitalizado, "que estava morrendo"... Este fato despertou em mim a consciência e o desejo de servir. Dias depois, recebi um convite para trabalhar como voluntária na Pastoral Hospitalar. Fiz o curso de formação e, por sete anos, atuei na formação de novos visitadores e na visita semanal aos doentes hospitalizados.

A integração de alguns freis estudantes na pastoral possibilitou-me muitos momentos de partilha e de aprendizado. O exemplo de São Francisco me motivava a "ver Cristo no doente", a acolher e a escutar com amor e a fortalecer a minha vida de oração. Assim, eu descobri que, quanto mais eu me doava, mais plena eu me sentia...

Visitando Assis, percorri parte dos caminhos de São Francisco, onde vivenciei um sentimento de Paz indescritível... Deus cuidou de mim, com seu Amor infinito, especialmente nos processos de luto que vivenciei. Providenciou mãos franciscanas que me deram apoio e enxugaram minhas lágrimas.

A maturidade me permite viver a vida com mais liberdade. Compreendendo que tudo é dom, estou aprendendo o significado da gratidão. Hoje, entendo a dor e o sofrimento como um caminho de crescimento que nos propicia uma profunda comunhão com Deus. Na meditação do Evangelho, vivido de forma radical por São Francisco, encontro respostas para todos os momentos. Sinto-me uma filha amada de Deus e quero, para sempre, permanecer neste Amor.

VI
Minoridade

Como já dissemos, estreitamente relacionada ao tema da fraternidade, em todas as suas expressões, está a concepção franciscana de minoridade[136]. Não por acaso, Francisco escolheu, para identificar o grupo de irmãos que se formou ao seu redor, o nome de Ordem dos Frades Menores, pois quis que fossem reconhecidos não tanto pela atividade que realizam – como por exemplo a Ordem dos Pregadores ou a dos Hospitaleiros[137] –, nem pelo lugar de origem – como os Cistercienses ou os Camaldulenses[138] –, mas, pelo modo de viverem e de se relacionarem.

Já de antemão, fazemos notar que não encontraremos o substantivo minoridade nos *Escritos de Francisco*, mas, somente o adjetivo "menor", por quatorze vezes. Novamente, então, nos deparamos com o modo muito concreto do *Poverello* pensar, dado que minoridade é um conceito abstrato, enquanto que "menor" aponta para uma condição existencial bem determinada. Vale recordar também que menor é um termo relativo, uma vez que algo ou alguém é

---

136. Cf. *supra*, p. 100.
137. Ordens originalmente dedicadas, respectivamente, à pregação e ao cuidado dos doentes.
138. Os primeiros têm o nome ligado ao município francês de Saint-Nicolas-lès-Cîteaux, e os segundos a Camaldoli, distrito da cidade italiana de Poppi.

considerado menor sempre em relação a uma outra coisa ou pessoa tida como maior. Por conta disso, a minoridade franciscana não é simplesmente sinônimo de humildade, uma vez que, nela, "o que predomina é a dimensão relacional sobre as ênfases mais pessoais comumente associadas ao conceito de humildade"[139].

Muito se discutiu sobre a inspiração originária de Francisco para qualificar a si e a seus irmãos como menores. Alguns estudiosos defenderam a possibilidade de que ele tivesse tomado tal nomenclatura da divisão social do seu tempo, o que, segundo outros, carece de comprovação histórica, uma vez que o termo menor tinha várias acepções na baixa Idade Média e dele se fazia um uso diversificado nos documentos civis e eclesiásticos[140]. Ademais, como afirma Arnaldo Fortini, a humildade que caracterizava os frades destoava radicalmente da arrogância dos *Minores* da Comuna de Assis pertencentes à classe burguesa emergente e que, além de aspirarem tomar o poder na cidade, também faziam discriminação de pessoas[141].

Desse modo, atendo-nos apenas à narração de Celano, podemos logo concluir que a inspiração de Francisco para a escolha do nome da Ordem foi, sobretudo, de caráter cristológico, uma vez que ele se fundamentou na advertência de Jesus aos apóstolos para que fossem menores (cf. Lc 22,25; Mt 20,26-28) e no exemplo de minoridade dado pelo mesmo através do gesto do lava-pés (cf. Jo 13,4-15). Eis o texto:

> Mas é principalmente urgente uma palavra sobre a Ordem que ele assumiu e manteve por amor e pela profissão. O que dizer? Ele próprio plantou no início a Ordem dos Frades Menores e naquela ocasião lhe

---

139. URIBE, F. *Núcleos del carisma de San Francisco de Asís*. Op. cit., p. 342.
140. Ibid., p. 334-336.
141. Cf. A. FORTINI, A. *Nouva vita di San Francesco*. Roma: Carucci, 1981, p. 394.

impôs este nome. Realmente, quando assim escrevia na regra: "E sejam menores", ao proferir essa palavra, naquela mesma hora, disse: "Quero que esta fraternidade se chame Ordem dos Frades Menores". E eram verdadeiramente menores os que, sendo submissos a todos, sempre buscavam os lugares desprezados e exercer o ofício em que parecesse haver alguma desonra, para que assim merecessem fundar-se no sólido fundamento da verdadeira humildade e neles, pela feliz disposição, se erguesse a construção espiritual de todas as virtudes (1Cel 38,1-4).

Escritos de Francisco

Das quatorze vezes em que o termo "menor" aparece nos *Escritos de Francisco*, uma somente possui um sentido temporal, a propósito da frequência dos Capítulos Gerais que, de acordo com a *Regra*, poderiam ser celebrados em um prazo maior ou *menor* do que três anos (cf. rb 8,4). Nas outras treze, refere-se sempre à forma de vida franciscana, sendo que, em oito destes textos, o termo tem um significado mais "formal", enquanto refere-se ao nome da Ordem ou ao modo de Francisco se autodenominar: "Eu, Frei Francisco, vosso servo *menor*" (2Fi 87; cf. RB 1; RnB 6,3; 23,7; 1Ct 1; 2Ct 1; Ord 2). Nos outros cinco textos, "menor" aponta para a condição que deve caracterizar os seguidores e seguidoras de Jesus Cristo, especialmente do que tange ao exercício do poder, à escolha do trabalho e ao modo de considerarem as pessoas (RnB 5; 12; 7,1-2; 2Fr 10; 2Fi 42; Ad 12,3).

Nestes últimos textos fica evidente, como já dissemos, a inspiração evangélico/cristológica na escolha do termo menor por parte de Francisco para identificar-se a si mesmo e a seus irmãos, especialmente pela alusão à advertência de Jesus aos discípulos a não dominarem uns sobre os outros (cf. Lc 22,26; Mt 20,26), confirmada pela imagem do Cristo do lava-pés que ele evoca, em outras passagens, por bem quatro vezes (cf. RnB 4,6; 6,3-4; Ad 4; 19,4). Portanto, a motivação fundamental para a opção de Francisco pela minoridade está no seu desejo de seguir Jesus Cristo considerado a partir do mistério da sua *kénosis*, ou seja, do seu aniquilamento ou abaixamento, maravilhosamente descrito por Paulo na *Carta aos Filipenses* (cf. Fl 2,5-8) e tão bem expresso por Francisco neste outro texto:

> Esta Palavra do Pai tão digna, tão santa e gloriosa, o altíssimo Pai a enviou do céu por meio de seu santo anjo Gabriel ao útero da santa e gloriosa Virgem Maria, de cujo útero recebeu a verdadeira carne da nossa humanidade e fragilidade. Ele, sendo rico acima de todas as coisas, quis neste mundo, com a beatíssima Virgem, sua Mãe, escolher a pobreza (2Fi 4-5).

De tudo o que foi dito até aqui, pode-se perceber que a minoridade, para Francisco, não representa somente uma virtude entre outras, mas uma atitude que atinge a pessoa em todas as suas dimensões e em todas as suas relações com Deus, consigo mesma, com os outros e com toda a criação. É isso que vamos, a partir de agora, buscar perceber em alguns outros textos do *Poverello*.

Minoridade com relação a Deus

A minoridade para Francisco é, antes de tudo, uma prerrogativa do próprio Deus que, em Jesus Cristo, manifesta-se na humildade da sua encarnação, da qual a Eucaristia representa uma continuidade, como se pode verificar nesta exclamação cheia de admiração da *Carta enviada a toda a Ordem*:

> Ó admirável grandeza e estupenda dignidade! Ó sublime humildade! Ó humilde sublimidade: o Senhor do universo, Deus e Filho de Deus, tanto se humilha a ponto de esconder-se, pela nossa salvação, sob

> a módica forma de pão. Vede, irmãos, a humildade de Deus e derramai diante dele os vossos corações; humilhai-vos também vós, para serdes exaltados por ele. Portanto, nada de vós retenhais para vós, a fim de que totalmente vos receba aquele que totalmente se vos oferece (Ord 27-29).

Ademais, a humildade não é apenas um atributo divino, algo que Ele tem, mas diz respeito ao seu próprio ser, àquilo que Deus é, como proclama Francisco naquela extraordinária oração, os *Louvores a Deus Altíssimo*, que compôs logo após o evento dos estigmas: "Tu és humildade" (LD 4). Trata-se de uma constatação que ele pôde fazer somente por que, pela encarnação do Verbo, Deus se autorrevela como humildade. No entanto, o *Poverello* não se contenta em fazer tal constatação, tira também as consequências práticas dela, pois, se a grandeza de Deus consiste em se fazer menor na pessoa de Jesus Cristo, segui-lo implica, necessariamente, percorrer o caminho da minoridade.

Mas dizíamos também que o termo minoridade exprime relação, a qual, para a pessoa de fé, se estabelece primordialmente com o mistério divino. Tal relação de minoridade para com Deus verifica-se muito claramente naqueles adjetivos que, para Francisco, denotam a grandeza e a transcendência divinas, tais como: "altíssimo", "onipotente", "grande", "forte", "santo", presentes sobretudo nas suas orações. Em outras palavras, Francisco considera-se menor, antes de tudo, diante Deus, de quem reconhece que tudo provém e a quem tudo pertence. Desse reconhecimento brotam, do coração humano, quase que espontaneamente, duas atitudes: a gratidão e a restituição, vale dizer, a atribuição a Deus de tudo o que somos e temos, como, na *Regra*, Francisco aconselha seus irmãos a fazerem:

> E restituamos todos os bens ao Senhor Deus altíssimo e sumo e reconheçamos que todos os bens são dele e

por tudo demos graças a ele, de quem procedem todos os bens. E o mesmo altíssimo e sumo, único Deus verdadeiro, os tenha, e lhe sejam restituídos; e ele receba todas as honras e reverências, todos os louvores e bênçãos, todas as graças e glória, ele, de quem é todo o bem, o único que é bom (RnB 17,17-18).

Minoridade com relação a si mesmo

Na relação de minoridade para com Deus, porém, é-nos revelada nossa verdadeira identidade e dignidade, pois, "quando a criatura humana se coloca diante de Deus, descobre a exata dimensão de si mesma"[142], como sentencia lapidarmente Francisco em uma das suas *Admoestações*: "quanto é o homem diante de Deus, tanto é e não mais" (Ad 19,2). Assim, a consciência da absoluta transcendência e da infinita grandeza de Deus não se constitui numa realidade humilhante para nós, mas profundamente libertadora, uma vez que nos faz perceber que nossa verdadeira dignidade e valor não nos são conferidos pelas apreciações das outras pessoas, pelas convenções sociais, nem, muito menos, pelos bens materiais que possuímos, mas, somente por aquele relacionamento único e insubstituível que se estabelece entre nós e Ele.

Portanto, a minoridade na nossa relação com Deus desdobra-se na minoridade na nossa relação conosco mesmos, vale dizer, num profundo senso de realidade a respeito da nossa própria condição, tão claramente expresso por Francisco num texto que sintetiza a sua concepção de ser humano:

> Presta atenção, ó homem, à grande excelência em que te colocou o Senhor Deus, porque te criou e te formou à imagem do seu dileto Filho segundo o corpo e à sua semelhança segundo o espírito. E todas as criaturas

---

142. URIBE, F. *Núcleos del carisma de San Francisco de Asís*. Op. cit., p. 350.

que há sob o céu, à sua maneira, servem, reconhecem e obedecem ao seu Criador melhor do que tu. E também não foram os demônios que o crucificaram, mas tu, com eles, o crucificaste e ainda o crucificas, deleitando-te em vícios e pecados (Ad 5,1-3).

Como se pode perceber, para Francisco, a nossa exata dimensão consiste, por um lado, em termos sido criados à imagem e semelhança de Deus, dignidade conferida pelo Criador somente a nós; por outro, na possibilidade de, pelo mau uso da nossa liberdade, decairmos dessa grande dignidade, vivendo "em vícios e pecados", em outras palavras, numa existência absolutamente egocêntrica, autorreferencial. Daí por que, com grandíssimo senso de realidade, ele conclui a *Admoestação* dizendo que somente de uma coisa podemos gloriar-nos: "de nossas fraquezas (cf. 2Cor 12,5) e de carregar todos os dias a santa cruz de Nosso Senhor Jesus Cristo (cf. Lc 14,27)" (Ad 5,8), pois, como dirá Paulo na conclusão da citação na qual Francisco se inspira: "é na fraqueza que a força chega à perfeição" (2Cor 12,9).

Minoridade com relação aos outros

Do forte realismo antropológico de Francisco deriva um grande sentimento de igualdade e, portanto, de profundo respeito para com todas as pessoas que, por sua vez, deve se expressar naquele modo manso e humilde de os irmãos tratarem-se uns aos outros (cf. RnB 11,1-3) e a todos os que encontrarem pelos caminhos da missão (RB 3,11-12; RnB 11,9-12; 16,6), inclusive os inimigos que, na perspectiva do seguimento de Jesus Cristo, passam a ser, paradoxalmente, considerados como verdadeiros amigos:

> Atendamos, irmãos todos, ao que diz o Senhor: "Amai vossos inimigos e fazei o bem àqueles que vos odeiam", porque Nosso Senhor Jesus Cristo, cujas pegadas devemos seguir, chamou de amigo a seu traidor e ofere-

ceu-se espontaneamente aos que o crucificavam. Amigos nossos, portanto, são todos aqueles que injustamente nos causam tribulações e angústias, vergonha e injustiças, dores e tormentos, martírio e morte; a estes devemos amar muito, porque, a partir disto que nos causam, temos a vida eterna (RnB 22,1-4).

Ademais, esta consciência da radical unidade entre todas as pessoas leva-nos a superar todo espírito de competição e de inveja. De fato, quando não é mais a identidade superficial (ego) que está no centro da nossa existência, mas a identidade profunda (a imagem e semelhança de Deus), então, o que realmente importa é a ação e a comunicação de Deus, seja *em* e *através de* mim, seja *em* e *através dos* outros, como tão claramente entendeu Francisco quando afirma: "Bem-aventurado o servo que não mais se exalta do bem que o Senhor diz e opera através dele do que pelo bem que diz e opera por meio de um outro" (Ad 17).

Daí entende-se por que outra forma da minoridade com relação às pessoas acontecer é por meio da mútua obediência (RnB 5,14), pois, como já vimos, segundo o que a própria etimologia da palavra sugere[143], obediência significa colocar-se à escuta do mistério de Deus que nos é também revelado e manifestado em cada ser humano, de modo que, como observa Francisco, a santa obediência "torna o homem súdito e submisso a todos os homens que há no mundo" (SV 16).

Minoridade com relação a toda a criação

Mas, também aqui, Francisco vai além. Para ele, o ser humano é chamado a reconhecer a própria minoridade até mesmo na sua relação com os outros seres da criação que, em vários sentidos, lhe são superiores. Primeiramente, num sentido corporal/físico, dado

---

143. Cf. nota n. 94.

que muitas das criaturas superam o ser humano em força física, podendo fazer dele o que quiserem (cf. SV 17-18). Acrescenta-se a isso uma certa "superioridade moral" das outras criaturas sobre o ser humano, visto que, muitas vezes, "à sua maneira, servem, reconhecem e obedecem ao seu Criador" (Ad 5,2) melhor do que ele.

Porém, é no *Cântico das Criaturas* que essa minoridade do ser humano com relação a todas as outras criaturas melhor se expressa. Isso porque, reconhecendo a nossa indignidade e incapacidade de mencionar o nome de Deus e de louvá-lo adequadamente, Francisco louva a Deus *com* e *por*, vale dizer, juntamente, por causa e através de todas as criaturas, como já se deduz dos primeiros versículos do texto:

> Altíssimo, onipotente, bom Senhor, teus são o louvor, a glória, a honra e toda bênção. Somente a ti, ó Altíssimo, eles convêm, e homem algum é digno de mencionar-te. Louvado sejas, meu Senhor, *com* todas as tuas criaturas [...]. Louvado sejas, meu Senhor, *pela* irmã lua e *pelas* estrelas (Cnt 1-3.5; grifos nossos).

Contextos biográficos: o diálogo da Perfeita Alegria

Enquanto dimensão transversal da Espiritualidade Franciscana e que, como vimos, diz respeito a todas as relações do ser humano, a minoridade está abundantemente exemplificada nas fontes hagiográficas primitivas, de modo que, também aqui, poderíamos servir-nos de uma grande quantidade de textos. Diante disso, optamos por um que também se tornou emblemático da Espiritualidade Franciscana, uma parábola que, enquanto tal, presta-se muito bem à expressão artística e que, por isso, tem sido muito explorada, especialmente por atores e cantores: a parábola da Perfeita Alegria.

Trata-se de um episódio que, mesmo constando apenas de duas fontes mais tardias, os *Atos do bem-aventurado Francisco* e os

I Fioretti (cf. AtF 7; Fior 8)[144], é muito digno de crédito, pois dele também dá testemunho frei Leonardo de Assis, companheiro de Francisco na sua viagem de retorno do Oriente[145]. Transcrevemos, portanto, esse testemunho, dada sua maior concisão e mais claras referências aos fatos históricos:

> 1 O mesmo Frei Leonardo contou na mesma ocasião que, um dia, o bem-aventurado Francisco, em Santa Maria, chamou Frei Leão e disse: "Frei Leão, escreve". 2 Ele respondeu: "Já estou pronto". 3 "Escreve – disse – o que é a perfeita alegria. 4 Vem um mensageiro e diz que todos os mestres de Paris entraram na Ordem: escreve que isto não é a verdadeira alegria. 5 Igualmente, que entraram na Ordem todos os prelados ultramontanos, arcebispos e bispos, o rei da França e o rei da Inglaterra: escreve que isto não é a verdadeira alegria. 6 Do mesmo modo que os meus irmãos foram para o meio dos infiéis e os converteram todos à fé; e, além disso, que eu tenho tanta graça de Deus que curo os enfermos e faço muitos milagres: digo-te que em tudo isto não está a verdadeira alegria. 7 Mas o que é a verdadeira alegria? 8 Volto de Perúgia e chego aqui na calada da noite; e é tempo de inverno, cheio de lama e tão frio que gotas de água se congelam nas extremidades da túnica e me batem sempre nas pernas, e o sangue jorra de tais feridas. 9 E totalmente na lama, no frio e no gelo, chego à porta e, depois de eu ter batido e chamado por muito tempo, vem um irmão e pergunta: Quem

---

144. Há divergências, entre os franciscanólogos, sobre a precedência cronológica de uma fonte sobre a outra, sobretudo porque não é possível determinar a data precisa de cada uma delas. A maioria dos estudiosos as coloca dentro do século XIV, alguns, nas primeiras décadas, outros, na segunda metade.

145. Cf. 2Cel 31,1; CA 72; LM 11,8. Tal testemunho foi publicado pela primeira vez, em 1927, por B. Buguetti (In: *Archivum Franciscanum Historicum*, 20, 1927). Já na edição crítica dos *Escritos de Francisco*, realizada por Caetano Esser, em 1978, o mesmo foi classificado entre os *Opúsculos Ditados*.

és? Eu respondo: Frei Francisco. 10 E ele diz: Vai-te embora! Não é hora decente de ficar andando; não entrarás. 11 E, como insisto, de novo ele responde: Vai-te embora! Tu és simples e idiota. De maneira alguma serás acolhido junto a nós; somos tantos e tais que não precisamos de ti. 12 E eu novamente me coloco de pé diante da porta e digo: Por amor de Deus, acolhei-me por esta noite. 13 E ele responde: Não o farei. 14 Vai ao lugar dos Crucíferos e pede lá. 15 Digo-te que, se eu tiver paciência e não ficar perturbado, nisto está a verdadeira alegria e a verdadeira virtude e a salvação da alma"[146].

Pensamos que a razão da escolha desse episódio para ilustrar o tema da minoridade seja evidente, pois, ainda que o gênero literário da parábola indique para um significado simbólico de alguns elementos, muito do que é dito ali corresponde à verdade histórica[147], ilustrando, assim, como a minoridade disse respeito a uma experiência muito concreta vivida por Francisco, especialmente no seu relacionamento com os próprios irmãos.

Dada a grande densidade espiritual e a riqueza de detalhes do texto, especialmente nas narrações dos *Atos* e dos *I Fioretti*, muito poderia e deveria ser dito sobre o mesmo. Mas, também aqui, nos atemos ao essencial da mensagem que, para nós, pode ser sintetizado em três palavras que, por coincidência, iniciam-se com a mesma letra (r): relativização, realismo e ressignificação.

---

146. PA. In: FF, p. 194. Nessa edição das *Fontes Franciscanas* (Vozes/FFB), o testemunho de frei Leonardo foi, mais adequadamente, incluído na seção intitulada "Notícias de outros textos"; vale dizer, entre os *Escritos* do santo dos quais ainda não se conhece o texto original.

147. P. ex., a referência às curas e a outros milagres atribuídos a Francisco ainda em vida, a conversão de não cristãos por parte dos frades, o ingresso de grandes personalidades na Ordem e, por fim, a referência à hospedaria de Fontanelle, perto da Porciúncula, na época, confiada à Ordem dos Crucíferos. Cf. FORTINI, A. *Nova vita di San Francesco*, II. Assis: Edizioni Assisi, 1959, p. 264).

Relativização. Na primeira parte do texto (vv.1-6), Francisco apresenta a frei Leão vários fatos extraordinários extremamente positivos para a ele e a Ordem: milagres, conversões, crescimento numérico, prestígio etc., concluindo que, nem mesmo nisso, reside a perfeita alegria. Não se trata, aqui, no nosso entender, da simples negação de diversas experiências legítimas de alegria, frutos de grandes conquistas e realizações, mas de um processo de relativização das mesmas, uma vez que essas se apresentam sempre como aquilo que Robson Santarém chama de "alegrias dependentes" ou de "alegrias-resultado", ou seja, condicionadas a uma realidade externa que nos acontece ou que produzimos[148]. A perfeita alegria, por sua vez, é causa dela mesma, pois tem sua fonte na interioridade humana, não estando condicionada a nenhuma circunstância exterior que, por melhor que seja, deverá ser sempre relativizada. Daí por que também não pode ser confundida com o simples prazer, entendido como a satisfação de um desejo ou a conquista de uma meta, sempre momentâneos e provisórios, pois diz respeito a um estado interior que acompanha toda existência autenticamente humana, subsistindo mesmo em meio a dificuldades e a sofrimentos de toda sorte.

Realismo. No centro da parábola (vv.7-14), Francisco descreve uma situação bem concreta, certamente não literalmente experimentada por ele, mas que talvez reflita a chamada "grande tentação" pela qual passou ao longo dos dois últimos anos de vida (cf. CA 63; 2EP 99), sentindo-se excluído da própria fraternidade que iniciara, "muito crescida em número, em cultura e em projetos de ação"[149]. Aqui, Francisco parece sugerir-nos que a relativização de todas as experiências e circunstâncias externas que a perfeita

---

148. Cf. SANTARÉM, R.G. *A perfeita alegria*: Francisco de Assis para líderes e gestores. Petrópolis: Vozes, 2010, p. 21-22.
149. *Fonti Francescane* (Nuova edizione) (Ernesto Caroli (org.). Pádova: Editrici Francescane, 2004, p. 192. Sobre a provável relação da parábola com as tentações

alegria, por ter sua fonte na interioridade, produz, não significa a negação ou a fuga das situações concretas, mas, pelo contrário, conduz a um grande senso de realidade pelo qual, mesmo as situações mais dolorosas e desafiadoras são acolhidas como partes essenciais da experiência humana. Desse modo, as experiências sombrias da vida não são negadas, mas integradas na totalidade da existência e até mesmo reconhecidas como condição de possibilidade para uma alegria que se perfaz – por isso chamada de perfeita –, justamente, através das realidades mais desafiadoras, como as situações de mal-estar físico, psicológico e espiritual.

Ressignificação. Porém, a aceitação da realidade, à qual nos referimos acima, não consiste na impotência de quem se sente condenado a resignar-se passivamente diante do sofrimento, uma vez que tal aceitação representa somente o pressuposto para se chegar à ressignificação do mesmo, vale dizer, a um significado novo e a um sentido mais profundo que se atribui à realidade negativa. A tais significado novo e sentido profundo Francisco se refere, nos versículos finais do texto, através da expressão: "por amor de Deus", que é o que torna possível aquela paciência e imperturbabilidade invencíveis com as quais a perfeita alegria se identifica.

Desse modo, pode-se concluir que, para Francisco, o que confere um novo significado a tudo é o amor de Deus que, nas outras versões do episódio, vem especificado como o "amor de Cristo"[150], ou seja, o desejo de corresponder e de conformar-se o melhor possível ao amor incondicional e infinito de Deus que nos foi manifestado em Cristo crucificado. Tal conformação foi manifestada na existência de Francisco, de maneira extraordinária, pela experiência da estigmatização no alto do monte Alverne (cf.

---

sofridas por Francisco nos seus últimos anos de vida, cf. MERLO, G.G. *Intorno a frate Francesco*. Milão: Biblioteca Francescana, 1993, p. 133-142.
150. Cf. AtF 7,18.20; Fior 8 (toda a conclusão do relato).

1Cel 94,3-7; LM XIII,3; LTC 69; 3Cel 4; AP 46; EL 5), a partir da qual, reencontrando a própria unidade interior, superou a "grande tentação" de "querer separar-se dos seus irmãos" (Ad 3,9), percorrendo, com o Senhor crucificado, o caminho do amor até o fim, até o dom da própria vida.

Por tudo isso, acreditamos que se justifica a impressão do pai da psicanálise, Sigmund Freud, quando afirma que "talvez São Francisco de Assis tenha sido quem mais longe foi na utilização do amor para beneficiar um sentimento interno de felicidade"[151].

Atualidade: Charles de Foucauld

Uma atualização muito eloquente do significado franciscano da minoridade encontramos em Charles de Foucauld, cognominado de "o Eremita do Saara", fundador das comunidades de Vida Consagrada dos Pequenos Irmãos e das Pequenas Irmãs de Jesus, e inspirador de tantas outras.

Foucauld nasceu em Estrasburgo, na França, no dia quinze de setembro de 1858. Com apenas seis anos perdeu o pai e a mãe, tendo sido acolhido pelo avô materno. Aos vinte anos, iniciou a carreira militar, mas, por conta da vida boêmia e de algumas insubordinações, não progrediu. Amante dos estudos, tornou-se, por cerca de um ano, explorador geográfico em Marrocos, escrevendo, em 1885, a obra *Reconnaissance au Maroc*, com a qual conquistou a medalha de ouro da Sociedade Geográfica de Paris.

Porém, suas inquietações existenciais e religiosas continuavam. Procurou, então, em Paris, o padre Huvelin, grande admirador de São Francisco[152], com o qual se confessou e de

---

151. FREUD, S. O mal-estar na civilização. In: *Obras Completas*. Vol. XXI. Rio de Janeiro: Imago, 1974, p. 122.
152. Cf. FRANCESCHI, G. La vie profonde du Père Charles de Foucauld. In: *Cahiers Charles de Foucauld*, 30, 1953, p. 68.

quem recebeu o sacramento da eucaristia. Por sugestão desse mesmo padre, partiu em peregrinação à Terra Santa, encantando-se particularmente com Nazaré, lugar onde Jesus viveu ocultamente em silêncio, oração e trabalho, por trinta anos. Inspirado nisso, decidiu fazer-se monge e, ainda orientado pelo padre Huvelin, ingressou num mosteiro trapista, uma das Ordens Religiosas mais austeras da Igreja, em Akbes, na Síria, onde permaneceu até 1897.

Não suficientemente satisfeito com a austeridade ali encontrada, retorna à Terra Santa, vivendo, em extrema pobreza, junto às Irmãs Clarissas de Nazaré, também amadurecendo a decisão de tornar-se eremita e de ser ordenado sacerdote, o que acontece em 1901. Transcorre a última etapa de sua vida, então, como sacerdote eremita no deserto argelino, primeiramente em Béni Abbès e, depois, em Tamanrasset, onde, em primeiro de dezembro de 1916, é assassinado à entrada do próprio eremitério.

Desse brevíssimo apanhado sobre a vida tão intensa de Charles de Foucauld, já se podem perceber vários paralelos com aquela de Francisco de Assis: a juventude boêmia, a conversão radical, o fascínio pela encarnação do Filho de Deus e o desejo de segui-lo na via da humildade e da pobreza. Além disso, percebe-se a influência da Espiritualidade Franciscana sobre o Eremita do Saara, sobretudo através do seu diretor espiritual, o padre Huvelin, bem como das Clarissas e Franciscanos da Terra Santa.

Aliás, a grande sintonia espiritual entre os dois foi atestada já por seu primeiro biógrafo, René Bazin, que afirma, sem hesitar, que o boêmio Charles de Foucauld foi, "por um milagre da alma", transformado "no esplendor dos olhos e na caridade celeste do sorriso, quase similar àquela de Francisco de Assis"[153].

---

153. BAZIN, R. *Charles de Foucauld* – Esploratore del Marocco, eremita nel Sahara. Milão: Paoline, 2005, p. 26.

Jean François Six, outro importante biógrafo de Foucauld, define o Eremita do Saara como "um Francisco de Assis para os nossos tempos"[154].

Um confronto muito interessante entre as espiritualidades de Francisco e de Charles foi realizado por Dom Beto Breis em sua tese de dissertação de mestrado em Teologia Espiritual, publicada em 2017[155]. Nessa obra, o autor demonstra, através de uma vasta documentação, que os dois personagens convergem sobretudo na centralidade que atribuem ao mistério da encarnação, expressão do abaixamento e esvaziamento vividos pelo próprio Deus (cf. Fl 2,6-8), que ambos desejam seguir.

A tal seguimento, Francisco refere-se em termos de minoridade e Foucauld, em termos de "vida de Nazaré", vale dizer, de pequenez, ocultamento, oração e trabalho manual. Daí também as evidentes semelhanças entre os nomes das novas formas de consagração religiosa surgidas da inspiração tanto de Francisco: "Ordem dos Frades Menores" e "Ordem das Irmãs Pobres" como de Charles: "Pequenos Irmãos e Pequenas Irmãs de Jesus".

Trata-se, portanto, de assumir as consequências práticas da vida de Jesus em Nazaré, pois, como Charles escreveu justamente em uma meditação sobre a passagem evangélica em que Jesus foi ali rejeitado por ser um simples carpinteiro, filho de Maria (cf. Mc 6,1-3):

> O amor exige imitação, amemos e imitemos: "o servo não é maior do que o seu amo"; sejamos tão pequenos quanto o foi Jesus. Ele diz-nos que O sigamos: façamo-lo, partilhando a Sua vida, os Seus trabalhos, as Suas ocupações, a Sua pobreza, a Sua abjeção, se-

---

154. Cf. SIX, J.F. *L'Aventure de l'amour de Dieu* – 80 lettres inédites de Charles de Foucauld à Louis Massignon. Paris: Du Seuil, 1993, p. 327.
155. Cf. BREIS, B. *Francisco de Assis e Charles de Foucauld*: enamorados do Deus humanado. São Paulo: Paulus, 2017.

jamos operários pobres, pobres operários desdenhados na companhia d'Ele[156].

Esse estilo de vida pobre e humilde marcará muito fortemente o seu modo de ser missionário no deserto argelino, pregando, não através de sermões, mas, sobretudo, pela força do exemplo, o que nos remete à proposta missionária entre os não cristãos feita por Francisco na sua *Regra*, como verificaremos no próximo capítulo.

De fato, Charles evangeliza especialmente com sua presença entre os tuaregues: rezando, acolhendo os peregrinos e estudando a cultura local, chegando a traduzir os Evangelhos para a língua deles e a escrever um dicionário tuaregue-francês. Por conta disso, tornou-se um "tuaregue entre os tuaregues" e, a partir deles, tal como Francisco de Assis, o irmão de todos, o "irmão universal", no que consistia o seu maior desejo, como nos recorda o Papa Francisco na conclusão da Encíclica *Fratelli Tutti*:

> O seu ideal de uma entrega total a Deus encaminhou-o para uma identificação com os últimos, os mais abandonados no interior do deserto africano. Naquele contexto, afloravam os seus desejos de sentir todo ser humano como um irmão, e pedia a um amigo: "Peça a Deus que eu seja realmente o irmão de todos". Enfim, queria ser o irmão universal. Mas somente identificando-se com os últimos é que chegou a ser irmão de todos (FT n. 287).

Porém, há de se ter presente que a fonte por excelência dessa relação de minoridade e, consequentemente, de fraternidade que Charles estabelecia com todos, residia na sua clara consciência da própria condição de absoluta minoridade diante do mistério divino, expressa, tal como em Francisco de Assis, sobretudo nas suas

---

156. FOUCAULD, C. *Meditações sobre o Evangelho*. São Paulo: Duas Cidades, 1964, p. 127.

orações. Dentre essas, destaca-se a célebre *Oração do Abandono*, rezada por muitas comunidades cristãs e franciscanas, na qual o Eremita do Saara entrega-se totalmente, como o menor dos filhos, nas mãos de Deus Pai:

> Meu Pai, a vós me abandono. Fazei de mim o que quiserdes. O que de mim fizerdes, eu vos agradeço. Estou pronto pra tudo, aceito tudo, contanto que a vossa vontade se faça em mim e em todas as vossas criaturas. Não quero outra coisa, meu Deus! Entrego minha vida em vossas mãos. Eu vo-la dou, meu Deus, com todo o amor do meu coração. Porque eu vos amo e porque é para mim uma necessidade de amor dar-me, entregar-me em vossas mãos, sem medida, com infinita confiança, porque sois meu Pai[157].

Charles de Foucaud foi beatificado pelo Papa Bento XVI, em 2005. Em 27 de maio de 2020, o Vaticano anunciou que ele será canonizado em data a ser ainda definida.

Testemunho: frei Ronaldo Gomes da Silva

Frei Ronaldo Gomes da Silva, nascido em Andrelândia/MG, em 1970, pertence à Ordem dos Frades Menores Conventuais[158],

---

157. DAMIAN, E.T. *Espiritualidade para nosso tempo*: com Carlos de Foucauld. São Paulo: Paulinas, 2007, p. 77.

158. O título de "Frades Conventuais", desde 1250, era usado como sinônimo de "Frades da Comunidade", a fim de distingui-los do grupo dos Espirituais ou Zelantes, sobre o que já nos referimos acima (cf. nota 124). Mais propriamente, "os frades, no entanto, só receberam tal denominação a partir da segunda metade do século XIV, para distingui-los dos que se retiravam em eremitérios em busca de uma melhor 'observância' da regra" (http://despertarfranciscano.com/ordem-dos-frades-menores-conventuais), chamados, por isso, de "Observantes". A esses dois grupos acrescentam-se mais dois: os frades da Terceira Ordem Regular (TOR) – cuja origem remonta a diversos grupos de penitentes que, já nos tempos de São Francisco, viviam comunitariamente e que, em 1447, foram reunidos juridicamente em uma única Ordem – e os da Ordem dos Frades Menores Capuchinhos, aprovados canonicamente em 1528; cf. https://www.ofmcap.org/pt/cappuccini/storia-dei-cappuccini • Ao longo do tempo, novos grupos de con-

na qual ingressou, em 1994, tendo sido ordenado presbítero, em 1999. Obteve o título de doutor em Teologia Dogmática pela Pontifícia Faculdade Teológica São Boaventura de Roma, em 2011, com a seguinte tese: "A teologia da libertação latino-americana: do cristocentrismo à revolução pluralista – Consequências para a cristologia, a eclesiologia e a missão cristã". Logo em seguida, atuou como professor na mesma faculdade, bem como no Instituto São Boaventura de Brasília/DF. Em 2013, foi eleito Vice-custódio da Custódia Provincial Imaculada Conceição do Rio de Janeiro e, em 2017, Custódio Provincial. Frei Ronaldo possui também larga experiência pastoral, tendo atuado como Pároco de duas paróquias e como Assistente Espiritual da Ordem Franciscana Secular. Seu testemunho nos ajudará a perceber como é possível viver a minoridade franciscana seja no âmbito acadêmico, seja no exercício da autoridade.

Eu, frei Ronaldo Gomes da Silva, OFMConv., nasci em uma família humilde do interior de Minas Gerais, na cidade de Andrelândia. Sou o sétimo de nove filhos (cinco mulheres e quatro homens). No interior de Minas, tive uma infância bastante intensa. Meu tempo era dividido entre os afazeres domésticos, os estudos e os jogos de rua, juntamente com os colegas e os inúmeros primos e primas que viviam no bairro.

Eu e meus irmãos tivemos que assumir logo muitas responsabilidades, pois ficamos órfãos de pai muito cedo. Eu tinha apenas nove anos na época. Nessa ocasião, minha saudosa mãe – a Sra.

---

sagrados, inspirados mais ou menos diretamente na Espiritualidade Franciscana, foram surgindo, alguns dos quais contando também com os respectivos ramos femininos. No Brasil, dentre os grupos fundados mais recentemente, destacam-se os Frades Menores Missionários, os Franciscanos na Providência de Deus e os Filhos da Pobreza do Santíssimo Sacramento (popularmente conhecidos como "Toca de Assis").

Sebastiana Inácia da Silva – e os meus irmãos mais velhos tiveram que prover as necessidades da nossa grande família. Penso que essa experiência forjou em nossa família um verdadeiro sentido de comunhão, partilha e "soro-fraternismo"[159], apesar das diferenças e desentendimentos naturais em uma grande família. Passamos por muitas dificuldades e provações, mas, aos poucos, fomos superando uma a uma com a colaboração ativa de todos.

Eu, com nove anos de idade, era coroinha na paróquia e foi através dessa experiência eclesial que surgiu em mim, pela primeira vez, um desejo de ser Sacerdote. Lembro-me que, naquela ocasião, cheguei a confidenciar com o meu Pároco da época, Pe. José Tibúrcio, o meu desejo de ir para o Seminário. Até hoje me lembro da sua resposta; após uma gargalhada um pouco "incrédula", disse-me: "Quando você terminar o segundo grau, o ensino médio de então, voltamos a falar sobre este assunto"!

O que foi dito e pensado enquanto criança só veio aflorar muitos anos mais tarde, já em contato com o frei Walter Ferreira Bessa, OFMConv. – Promotor Vocacional do Seminário São Francisco de Assis e Diretor Espiritual do grupo de jovens do qual eu fazia parte –, em Andrelândia, por volta dos meus dezessete anos. No contato com os Frades Menores Conventuais, aos poucos, fui apresentado ao Carisma Franciscano, tão belo e enriquecedor. Com Francisco de Assis, descobri um modo terno e fraterno de ser cristão. Muito rapidamente, lancei-me no estudo e na leitura sobre esta Escola de Espiritualidade. Surpreendia-me, em especial, com a profundidade e a riqueza dos ensinamentos de Francisco de Assis, grande conhecedor de Cristo e da psique humana.

Aprofundando a reflexão sobre a vida e a espiritualidade de Francisco de Assis e da Ordem por ele fundada, em seus vários níveis, vemos a experiência minorítica como sendo o específico do

---

159. De *soror* (irmã) e *frater* (irmão).

seu seguimento de Nosso Senhor Jesus Cristo, Pobre e Crucificado. Embora a Minoridade seja um modo específico e voluntário de se conformar a Cristo, hoje eu a sintetizaria nas seguintes palavras do Santo:

> Admoesto, no entanto, e exorto no Senhor Jesus Cristo a que os irmãos se acautelem de toda soberba, vanglória, inveja, avareza, cuidado e solicitude deste mundo, detração e murmuração [...], mas atendam a que, acima de tudo, devem desejar possuir o Espírito do Senhor e seu santo modo de operar, rezar sempre a ele com o coração puro e ter humildade e paciência na perseguição e na enfermidade e amar aqueles que nos perseguem, repreendem e censuram, porque diz o Senhor: Amai vossos inimigos e rezai por aqueles que vos perseguem e caluniam. Bem-aventurados os que sofrem perseguição por causa da justiça, porque deles é o reino dos Céus. Aquele, porém, que perseverar até ao fim, este será salvo (RB 10,8-13).

"Devem desejar ter o Espírito do Senhor e seu santo modo de operar". Essas palavras de São Francisco são fortes, assim como a totalidade de seus *Escritos*; são ensinamentos nascidos de uma experiência espiritual e comunitária, experiência da infinita sublimidade e suavidade de Deus e das limitações do ser humano objetivados e encarnados na *kénosis* de Jesus Cristo (da manjedoura à cruz).

A esse ponto, você poderia talvez dizer que eu perdi o foco e fugi da reflexão sobre o que seja a Minoridade em minha experiência pessoal. Mas, para mim, a experiência de ser menor é justamente possuir a capacidade de estar constantemente em processo. Como uma criança, se refazendo, caindo e se levantando, perdoando e estendendo a mão para os que, de certa forma, não nos entendem e, de modo consciente ou inconsciente, nos fazem o mal. Significa ser resiliente, sempre apostando na paz e no bem que existe no outro e no mundo.

Não quero ser presunçoso em dizer que aprendi essa grande lição, pois é uma experiência para toda a vida: "quem perseverar até o fim, este será salvo" (Mt 10,22; 24,13). Porém, esforço-me a cada dia para manter este sentido de "ultimidade" (cf. Jo 6,68)[160], de modo que posso dizer que é isto que me tem mantido focado em minha vocação por todos estes anos e tem me dado a capacidade de superar-me a mim mesmo, minhas trevas e desânimos, minha ignorância e minha preguiça. Esta experiência de minoridade me ensina a encarar os grandes desafios e obstáculos da vida sem desespero e com objetividade, de modo a poder dizer a mim mesmo: "Eu não sei, mas vou aprender!"; ou ainda: "Tenha calma! A obra não é sua, é de Deus"!

Com Francisco de Assis, aprendi essa forma de colocar-me diante da vida e das situações mais inusitadas e foi assim que consegui superar inúmeros obstáculos de ordem física, intelectual, psicológica, fraterna e mesmo espiritual: como o bambu que se curva às grandes tempestades e, novamente, se levanta para o louvor e para a vida, diante de um novo dia ensolarado.

Com essa breve reflexão busquei, tanto quanto possível, sintetizar minha experiência pessoal, intelectual, comunitária e o meu serviço fraterno aos irmãos enquanto Custódio Provincial da Custódia Imaculada Conceição do Brasil dos Frades Menores Conventuais. Com certeza, o tema da Minoridade nos coloca diante de um grande desafio que é aquele de refazermos os passos do *Poverello* de Assis em seu Seguimento de Jesus Cristo Pobre e Crucificado. Esta não pode ser, de modo nenhum, uma aventura pura e simplesmente intelectual, mas uma experiência pessoal de vida.

---

160. Inspirado no versículo bíblico citado, onde se lê o seguinte: "Simão Pedro respondeu: 'Senhor para quem iríamos? Tu tens palavras de vida eterna'", frei Ronaldo entende o termo "ultimidade" enquanto afirmação de fé de que somente em Jesus Cristo e no seu seguimento é que se pode ter vida eterna.

VII
Evangelização

Evangelização tem sido uma palavra sempre mais usada em âmbito católico, especialmente a partir do Concílio Vaticano II, que a cita sobretudo no Decreto sobre o apostolado próprio dos leigos e leigas, *Apostolicam Actuositatem*[161]. Após o Concílio, em 1975, destaca-se a célebre Exortação Apostólica *Evangelii Nuntiandi*, de Paulo VI, fruto do Sínodo convocado para a discussão do tema, em 1974, na qual se lê que "evangelizar constitui, de fato, a graça e a vocação própria da Igreja, a sua mais profunda identidade"[162]. Mais recentemente, em 2013, deparamo-nos com a Exortação Apostólica *Evangelii Gaudium*, do Papa Francisco, cujo tema central é, justamente, o anúncio do Evangelho no mundo atual.

Também no âmbito da Família Franciscana, a consciência da centralidade da evangelização para as diversas formas de vida inspiradas em Francisco de Assis tem crescido sempre mais. A Ordem dos Frades Menores, por exemplo, redigiu, em 1996, um documento intitulado *Encher a Terra com o Evangelho de Cristo*, no qual se afirma categoricamente que "se, pois, 'evangelizar

---

161. Cf. *Apostolicam Actuositatem*, n. 6, 13, 16.
162. *Evangelii Nuntiandi*, n. 14.

constitui a identidade mais profunda da Igreja', ela é também a 'razão de ser da Ordem'"[163].

Por sua vez, a *Ratio Formationis da Ordem dos Frades Menores Capuchinhos*, emanada no final de 2019, destaca o estreito nexo, na Espiritualidade Franciscana, entre evangelização e fraternidade:

> Viver juntos como irmãos menores é o elemento primordial da vocação franciscana, que por sua vez torna-se o primeiro elemento da evangelização. A fraternidade e a missão são a nossa razão de ser, e não é a eficácia pastoral, mas a qualidade das nossas relações o que nos define carismaticamente e nos faz testemunhas autênticas do Evangelho[164].

Também as novas *Constituições da Ordem dos Frades Menores Conventuais*, de 2019, recordam que "os irmãos, com a sua consagração e ação evangelizadora, oferecem uma válida contribuição à missão da Igreja e tornam-se testemunhas confiáveis do Reino de Deus no mundo na medida em que encarnam o carisma que o Espírito Santo lhes confiou"[165].

Acrescente-se a isso as *Constituições Gerais da Ordem Franciscana Secular* que falam da ação evangelizadora dos seus membros, sobretudo, em termos de apostolado, sendo que a sua forma "preferencial é o testemunho pessoal no ambiente em que vivem e o serviço para a edificação do Reino de Deus nas realidades terrestres"[166].

---

163. *Encher a Terra com o Evangelho de Cristo*, n. 7.
164. *Ratio Formationis da Ordem dos Frades Menores Capuchinhos*, n. 115. A expressão *Ratio Formationis* diz respeito aos documentos que oferecem as linhas gerais para a formação, inicial e continuada, tanto dos membros dos diversos institutos religiosos, como também, do clero diocesano.
165. *Constituições da Ordem dos Frades Menores Conventuais*, n. 92.
166. *Constituições Gerais da Ordem Franciscana Secular*, tit. II, art. 17, par. 1.

No vocabulário de Francisco, no entanto, não encontramos o substantivo evangelização, mas, muito do que o mesmo significa para nós, hoje, já está presente em seus textos. A começar pela *Regra* por ele escrita, a primeira na história da Igreja da qual constam explícitas prescrições relativas à pregação entre os cristãos e à missão entre os não cristãos. Aliás, para o nosso santo, a evangelização é inerente à forma de vida evangélica por ele abraçada, de maneira que todos os frades são chamados a tomar parte dela, pois, de evangelizar pelo testemunho vida, ninguém está dispensado, como determina claramente a *Regra*: "todos os irmãos preguem com as obras" (RnB 17,3).

Portanto, a ação evangelizadora é, para Francisco, decorrência de uma vida autenticamente evangélica, de modo que a mesma não se constitui numa atividade ao lado de tantas outras que se realizam em momentos e circunstâncias determinados, mas diz respeito a um modo de agir e de falar, profundamente radicados em um modo de ser, isto é, numa vida pautada essencialmente pelo Evangelho. Será isso que procuraremos perceber, a partir de agora, em alguns textos das *Fontes Franciscanas*.

Escritos de Francisco

Como dissemos, Francisco não menciona, em seus *Escritos*, nem o substantivo evangelização, nem o verbo evangelizar, mas, neles, salvaguardadas as diferenças de significado que as palavras tinham na Idade Média, encontram-se termos relativos ao conceito, tais como: pregar/pregação/pregador, exortação, anunciar, proclamar, enviar, testemunho, exemplo, palavras, obras etc.[167]

---

167. Sobre isso, cf. URIBE, F. *Núcleos del carisma de San Francisco de Asís*. Op. cit., p. 378-380.

Deve-se atentar, porém, para o fato de Francisco insistir numa atitude que precede tudo isso: a da escuta, como fica muito evidente neste trecho de uma carta que ele enviou a toda a Ordem:

> Ouvi, senhores filhos e irmãos meus, prestai atenção às minhas palavras. Inclinai o ouvido de vosso coração e obedecei à voz do Filho de Deus. Guardai em todo o vosso coração os seus mandamentos e cumpri os seus conselhos com a mente perfeita. Proclamai-o, pois ele é bom, e exaltai-o em vossas obras; pois, com este intuito ele vos enviou por todo o mundo, para que, por palavras e obras, deis testemunho de sua voz e anuncieis a todos que não há ninguém onipotente além dele (Ord 5-9).

Portanto, o testemunho, por palavras e obras, do Filho de Deus, nasce de uma "inclinação do ouvido do coração", ou seja, da escuta atenta das suas palavras que, consequentemente, se traduz em obediência à sua voz e observância dos seus mandamentos. Tal foi, como vimos[168], o movimento realizado pelo próprio Francisco nos primórdios do seu processo de conversão, quando descobriu sua vocação de pregador itinerante, justamente, depois da escuta atenta do Evangelho da missão apostólica, que ele considerou como dirigido diretamente a si ao exclamar: "É isto que eu quero, é isto que eu procuro, é isto que eu desejo fazer do íntimo do coração" (1Cel 22,3)[169].

Desse modo, a missão evangelizadora abraçada por Francisco consistiu, antes de tudo, num ato de obediência ao Evangelho sendo, por isso, inerente à forma de vida evangélica que assumiu como própria e que propõe a tantos quantos o queiram acompanhar. Daí por que, como dissemos acima, nenhum irmão está

---

168. Cf. *supra*, Contextos biográficos, p. 40ss.
169. Sobre os textos paralelos a esse, remetemos ao que foi dito acima à p. 41.

dispensado de anunciar o Evangelho com o testemunho de vida, assim como também a todos é permitida uma pregação de caráter querigmático[170] – com especial ênfase no anúncio da paz – e exortativo, marcada pelo convite à adoração de Deus e à penitência (cf. RnB 21). Aqui, uma vez mais, verifica-se a grande sintonia de Francisco com a pregação de Jesus, sintetizada, exatamente, no anúncio do Reino de Deus e no convite à conversão (cf. Mc 1,15; Mt 3,2).

Ademais, Francisco também valoriza muito o ministério ou o ofício propriamente dito da pregação, prerrogativa dos bispos da qual participam aqueles por eles autorizados, razão pela qual proíbe seus frades de pregarem lá onde não tiverem recebido tal autorização, exigindo, para tanto, também a aprovação das autoridades da Ordem (cf. RnB 17,1-2; RB 9,1-2). Além dessas questões mais propriamente canônicas relativas à pregação, ele também se preocupa com o conteúdo e a finalidade da mesma, isto é, que seja, tal como aquela de Cristo, uma pregação centrada no essencial e cujo único objetivo seja o bem espiritual do povo, nunca a autopromoção do pregador (cf. RB 9,4-5).

A propósito, tal autopromoção por conta de obras e palavras à qual são tentados não somente os pregadores, mas também todos os "que rezam e trabalham, tanto clérigos como leigos" (RnB 17,5), Francisco considera como uma forma de apropriação indevida de um bem que não é nosso, comparável à apropriação da vontade e à autoexaltação pelos bens de Deus realizadas pelos nossos primeiros pais (cf. Ad 2), uma vez que "nada nos pertence, a não ser os vícios e pecados" (RnB 17,7).

---

170. Relativo ao termo *querigma* (do grego: κήρυγμα) que, fundamentalmente, significa o primeiro anúncio da mensagem central da fé cristã: a morte e ressureição de Jesus Cristo (cf. At 2,22-24; 3,15).

No entanto, o texto certamente mais emblemático a propósito da evangelização franciscana, relativo mais propriamente ao anúncio do Evangelho aos que não o conhecem, é aquele contido no capítulo dezesseis da *Regra não Bulada*, intitulado *Os que vão para o meio dos sarracenos e outros infiéis*, que transcrevemos:

> Os irmãos que vão, no entanto, podem de dois modos conviver espiritualmente entre eles. Um modo é que não litiguem nem porfiem, mas sejam submissos a toda criatura humana por causa de Deus e confessem que são cristãos. Outro modo é que, quando virem que agrada a Deus, anunciem a palavra de Deus, para que creiam em Deus onipotente, Pai, Filho e Espírito Santo, Criador de todas as coisas, no Filho redentor e salvador, e para que sejam batizados e se tornem cristãos, porque quem não renascer da água e do Espírito Santo não pode entrar no reino de Deus (RnB 16,5-7).

Trata-se de um texto que mereceria uma reflexão mais extensa, mas do qual nos atemos a destacar as duas indicações de Francisco aos que partem em missão que consideramos as mais importantes. A primeira é a da convivência pacífica com aqueles aos quais se é enviado, muito bem expressa pela preposição "entre" (*inter*), a qual aponta não para uma atitude de superioridade de quem se coloca "sobre" (*supra*) os outros, mas, para o reconhecimento daquela dignidade que a todos congrega, independente de raça, sexo, cultura ou convicção religiosa: a nossa comum humanidade.

A segunda é a do anúncio respeitoso da própria fé, evidenciado pela expressão "quando virem que agrada a Deus", em outras palavras, não simplesmente quando o missionário ou missionária julgar oportuno fazer tal anúncio, o que poderia soar muitas vezes como imposição arbitrária ou simples proselitismo, mas quando, a partir daquela convivência respeitosa indicada anteriormente, perceber que os seus interlocutores estão em condições de acolher o Evangelho ou, melhor ainda, quando estes lhe solicitam que explicite a própria fé, que lhes dê as razões da própria esperança (cf. 1Pd 3,15-16).

Enfim, esse texto da *Regra* reflete, muito provavelmente, a viagem de Francisco ao Oriente, em 1219, especialmente o seu encontro com o Sultão do Egito Malek-el-Kamel, sobre o qual falaremos na sequência.

Contextos biográficos: o encontro com o Sultão

Como já mencionamos, um momento decisivo no processo de "discernimento vocacional" de Francisco foi a escuta do Evangelho da missão apostólica, a partir do qual, de acordo com as palavras de Tomás de Celano, ele "começou a pregar a todos a penitência, edificando os ouvintes com palavras simples, mas com o coração nobre" (1Cel 23; cf. LM III, 2,1-2, LTC 25,6-7). De fato, daquele momento em diante, o *Poverello* tornou-se um grande missionário, percorrendo grande parte da Itália, além de atingir a Espanha, a atual Croácia e a Terra Santa.

Dentre as tantas experiências missionárias de Francisco, destacam-se as suas aproximações ao mundo muçulmano, especialmente o emblemático encontro com o Sultão do Egito Malek-el-Kamel, em 1219, por ocasião da V Cruzada, precedido por duas tentativas frustradas de ingresso em um país majoritariamente muçulmano, primeiramente na Síria, entre 1212 e 1215 e, algum tempo depois, no Marrocos (cf. 1Cel 55,2-4; 56,4-6; LM IX,5-6; Lm V,7). Acrescente-se a isso o esforço de Francisco por obter do Papa Onório III, em 1216, a indulgência da Porciúncula, o que, de certa forma, pode ser interpretado como um questionamento tácito àquela indulgência plenária oferecida pelo IV Concílio do Latrão aos cruzados, estendida aos seus patrocinadores e aos peregrinos à Terra Santa. Em outras palavras, Francisco parece estar sugerindo que não seria necessário ir a Jerusalém para se obter aquela indulgência, dado que a mesma poderia ser conseguida muito mais perto, em Assis[171].

Detenhamo-nos, porém, um pouco mais, no único contato de Francisco com o islã realmente acontecido, em 1219, fato comprovado por diversos relatos, tanto de hagiógrafos franciscanos (cf. 1Cel 57, 5-12; LM IX,7-8; Fior 24) como de escritores externos à Ordem[172]. Trata-se de narrações cada qual com características muito próprias, mas que convergem, substancialmente, para os seguintes elementos comuns: o desejo de martírio por parte de Francisco, a maneira desarmada com a qual ele se aproxima do acampamento muçulmano, a sua pregação da fé cristã sem ofender a fé islâmica e, da parte do sultão, o bom acolhimento que oferece ao *Poverello*.

Optamos por transcrever o relato da *Primeira Celano*, por ser o mais breve e o mais desprovido de elementos fantasiosos, o que indica para uma maior aproximação da verdade histórica:

> No décimo terceiro ano de sua conversão, dirigindo-se às regiões da Síria, como a cada dia recrudescessem batalhas fortes e duras entre cristãos e pagãos, tendo tomado consigo um companheiro, não teve medo de apresentar-se diante do sultão dos sarracenos. Mas quem seria capaz de narrar com quanta vir-

---

171. Nesse sentido, afirma Giulio Basetti-Sani que "Francisco imagina poder fazer uma transposição espiritual de todos os lugares da Palestina para a Itália", de modo que "Assis será o 'novo Oriente', no qual a Porciúncula representará o Templo de Jerusalém" (SANI, G.B. *L'Islam e Francesco d'Assisi* – La missione profetica per il dialogo. Firenze: La Nuova Italia, 1975, p. 111 (tradução nossa)).

172. Dentre os relatos de autores não franciscanos, dois constam da edição das *Fontes Franciscanas* que tomamos como referência: o primeiro é a *Carta escrita de Damietta em fevereiro ou março de 1220*, de Jacques de Vitry, cardeal francês, bispo de Acre (Israel) e, como tal, fortemente envolvido nas circunstâncias da V Cruzada (cf. FF, p. 1.423); o segundo é a *Crônica de Ernoul*, escudeiro do nobre cavaleiro cruzado Balian de Ibelin, de Jerusalém (cf. FF, p. 1.428-1.431). Aos textos de autores franciscanos acrescentem-se os dois relatos atribuídos a frei Iluminado de Rieti que, supostamente, teria acompanhado Francisco na viagem (cf. FF, p. 1.417-1.418), mas que, na verdade, são compilações mais tardias.

tude do espírito lhe falava, com quanta eloquência e confiança respondia aos que insultavam a lei cristã? Antes de ter acesso ao sultão, capturado pelos correligionários, atacado com ultrajes, castigado com açoites, não se amedronta; ameaçado com suplícios, não teme; com a morte planejada não se apavora. E, embora tivesse sido maltratado por muitos com ânimo bastante hostil e com espírito adverso, foi recebido pelo sultão com muita honra. Honrava-o como podia e, tendo-lhe oferecido muitos presentes, tentava dobrar o espírito dele às riquezas do mundo; mas depois que o viu desprezar valorosamente tudo como esterco, encheu-se de máxima admiração e via-o como homem diferente de todos; ficou muito tocado pelas palavras dele e ouvia-o de muito bom grado. Em todas estas coisas o Senhor não realizou o desejo dele, reservando-lhe a prerrogativa de uma graça especial (1Cel 57,5-12).

O que tornou possível este acontecimento que marcou para sempre a história das relações entre cristãos e muçulmanos foi, com certeza, a predisposição de dois homens de convicções religiosas diferentes para o encontro e o diálogo. De um lado, Francisco, o ex-aspirante ao título de nobreza através da vitória militar, agora convertido, por força do Evangelho, em arauto da paz e promotor da fraternidade, também com os muçulmanos. De outro, o sultão Malek-el-Kamel, homem generoso, admirador da cultura ocidental, "amante das ciências exatas, pessoalmente interessado nas discussões científicas e religiosas"[173].

Esse fato nos ensina que o verdadeiro encontro e diálogo acontecem quando, acima das convicções religiosas e das diferenças culturais, coloca-se o acolhimento da comum humanidade da qual todos compartilhamos.

---

173. SANI, G.B. *L'Islam e Francesco d'Assisi*.... Op. cit., p. 159.

Atualidade: Jean-Mohammed Abd-El-Jalil

Não obstante abordagens do islamismo de caráter mais proselitista e apologético por parte de certos franciscanos ao longo da história[174], não se pode negar que uma aproximação dialogal ao mesmo nunca deixou de acontecer. Nesse sentido, poderíamos evocar diversos testemunhos, desde um Raimundo Lúlio – filósofo, teólogo, poeta e leigo franciscano que, ainda na Idade Média, busca incansavelmente o diálogo, a partir de pressupostos racionais, entre judeus, muçulmanos e cristãos[175] –, até um Louis Massignon, estudioso da cultura muçulmana e membro da Ordem Franciscana Secular que, em 1934, junto com Mary Kahil, uma católica melquita egípcia, funda, justamente na igreja franciscana de Damietta[176], a *Badaliya*: "movimento espiritual cuja finalidade é manifestar Jesus Cristo em terras islâmicas através da compreensão fraterna e da ardente caridade, a mesma teste-

---

174. Basta lembrarmos aqui que, poucos anos depois da morte de Francisco, encontramos frades menores muito envolvidos com as cruzadas, a começar por Guilherme de la Cordelle, primeiro frade nomeado pregador de Cruzadas pelo Papa Gregório IX, em 1235. Outros nomes de destaque no século XIII são o de Gilberto de Tournai – nomeado mestre regente da escola franciscana de Paris, em 1259 –, em cujas obras encontramos sermões aos cruzados e aos pregadores de Cruzadas, e o de Benedito de Alignano – bispo de Marselha em 1228 que, logo depois, ingressou na Ordem Franciscana –, o qual refere-se de modo muito negativo à fé islâmica, dizendo, por exemplo, que "os absurdos deste Maomé, que fala à maneira dos loucos e das bestas, não são dignos de debate, mas devem ser extirpados pelo fogo e pela espada" (DA COSTA, S.R. "Deus o quer!", mas... e Francisco? Os franciscanos e a pregação das Cruzadas. In: *Atas da V Semana de Estudos Medievais* (Programa de Estudos Medievais da UFRJ). Rio de Janeiro, 17-19/11/2003, p. 45-46 (tradução do autor).

175. Dentre as muitas obras de Lúlio dedicadas à questão, destacamos *O livro do gentio e dos três sábios* (1274-1276), cuja ideia central consiste na necessidade do permanente diálogo entre as religiões para que o mundo viva em paz; cf. https://www.ricardocosta.com/artigo/ramon-llull-1232-1316-e-o-dialogo-inter-religioso-cristaos-judeus-e-muculmanos-na-cultura

176. Lugar onde aconteceu o encontro entre Francisco e o sultão Malek-el-Kamel, em 1219.

munhada por São Francisco pelos muçulmanos"[177]. Escolhemos, porém, destacar a figura de Jean-Mohammed Abd-El-Jalil, frade menor marroquino.

Abd-El-Jalil nasceu em Fez, em 1904, numa família muçulmana pobre e praticante. Dotado de grande capacidade intelectual e de facilidade para aprender línguas, cursa os estudos fundamental e médio em sua pátria e, em 1925, transfere-se para Paris, onde fará os estudos superiores de Letras, com especial atenção à língua e literatura árabes. A fim de conhecer melhor o cristianismo, estuda no Instituto Católico de Paris, tendo como professores Jacques Maritain, Maurice Blondel e Louis Massignon, em quem muito se inspira.

Por conta dessa aproximação com o cristianismo, em 1928, é batizado na Igreja Católica, tendo como padrinho o próprio Massignon. Contemporaneamente, decide-se pela Vida Religiosa, ingressando na Ordem dos Frades Menores e, posteriormente, em 1935, pelo sacerdócio. Nesse ínterim, conclui sua tese doutoral na Sorbonne sobre o místico sufi persa 'Ayn-al-Qudât al-Hamadhânî, depois do que inicia uma profícua carreira acadêmica, especialmente como conferencista. Em linha de continuidade com seu grande mestre Louis Massignon, Abd-El-Jalil aprofunda a reflexão sobre a interioridade do islamismo, ao que era muito habilitado por força de sua origem religiosa muçulmana que, mesmo depois do ingresso no cristianismo, sempre valorizou[178].

Por ocasião do centenário do seu nascimento, em 2004, foram republicados alguns de seus escritos e publicados seus textos au-

---

177. Cf. BASETTI-SANI, G. *Louis Massignon*: orientalista cristiano. Milão: Vita e Pensiero, 1971, p. 109 (tradução nossa). A palavra árabe *Badaliya* significa substituição; no caso, a substituição realizada pelos cristãos, através da oração e da própria santificação, em favor dos muçulmanos.

178. Particularmente nas obras: *Aspects intérieurs de l'Islam*. Paris: Seuil, 1949.
• *L'Islam et nous* – Aperçus et suggestions. Paris: Cerf, 1981.

tobiográficos, cartas e testemunhos de seus discípulos e amigos[179]. Nessa obra, Maurice Borrmans resume a mensagem de Mohammed em três grandes princípios que, por sua vez, possuem grande sintonia com aquelas indicações dadas por Francisco na sua *Regra* aos que partem em missão entre os não cristãos: a hospitalidade compreensiva, que significa aprender sobre o patrimônio espiritual da outra religião; a objetividade realista, que leva a colocar tal patrimônio no seu contexto histórico e sociológico e, por fim, a solidariedade em Cristo, ou seja, por parte dos cristãos, sentirem-se solidários com todos os "buscadores de Deus" das outras religiões, bem como com o próprio Cristo que, na sua encarnação, se fez "buscador" da humanidade[180].

Interrogado certa vez pelo motivo de sua opção pelos franciscanos, Abd-El-Jalil respondeu que isso estava diretamente relacionado com sua afeição pela pessoa de São Francisco, especialmente "pelo seu amor a Cristo e por seu tocante testemunho diante do islã e contra os cruzados"[181]. De fato, o encontro de Francisco com o Sultão foi sempre uma grande referência para ele. Por exemplo, no contexto das relações extremamente conflitantes entre a França e os países do norte da África, escreveu, em 1956, um artigo intitulado *São Francisco e o Islã*, no qual chama em causa especialmente os filhos e filhas de São Francisco:

> Os muçulmanos sabem quais são os sinais pelos quais podem ser reconhecidos os verdadeiros discípulos de Cristo: a humildade, a mansidão, a vida perfeita livremente praticada pelos monges que impulsiona o conjunto dos fiéis em direção à perfeição. Na práti-

---

179. Cf. ABD-EL-JALIL, J.-M. *Témoin du Coran et de l'Évangile* – De la rupture à la reencontre. Paris: Cerf/Les Éditions Franciscaines, 2004. Servimo-nos também da tradução italiana: ABD-EL-JALIL, J.-M. *Testimone del Corano e del Vangelo*. Milão: Jaca Book, 2006.
180. Cf. ABD-EL-JALIL, J.-M. *Testimone del Corano e del Vangelo*. Op. cit., p. 63.
181. Cf. ABD-EL-JALIL, J.-M. *Témoin du Coran et de l'Évangile*. Op. cit., p. 27.

ca, o clero e os leigos devem, portanto, manifestar a perfeição do Evangelho [...]. Os filhos e as filhas de São Francisco não se sentem chamados, talvez em um modo particular, a responder a esta expectativa, a satisfazer esta esperança? Estes deverão, portanto, esforçar-se por romper a corrente do medo e do ressentimento cada vez que a sua fricção glacial os faz tremer ou ameaça a sua liberdade de movimento; romper aquela corrente e recomeçar do zero a compreender e a amar o próximo, quem quer que este seja. Se necessário, deverão compreender e amar "por dois" e por todo o tempo que será necessário, até o dia em que este esforço incansável de compreensão e de amor acenda a mesma centelha no próximo [...]. É necessário que nós, os filhos do *Poverello,* rezando com ardor e sem poupar qualquer esforço possível, façamos reviver nos nossos tempos o exemplo que nos foi dado pelo nosso Pai em terra islâmica, em tempos de violência e de hostilidade. Não deixemo-nos vencer pelo medo e pelo ressentimento[182].

Assim como para Francisco de Assis, também para Abd-El-Jalil a pobreza e a minoridade, vale dizer, a capacidade de reconhecermos nossas próprias fragilidades, bem como a grandeza do mistério que nos envolve, são pressupostos fundamentais para o diálogo inter-religioso:

> Muitas vezes nos apresentamos aos não cristãos com ares de novos ricos que sabem tudo e podem tudo, muito seguros de nós mesmos... enquanto, graças a Deus, ainda estamos em plena "confusão" (pensemos nesta palavra), com muitos problemas por esclarecer, por resolver e, além dos problemas, estamos aprendendo um mistério que nos inclui [...] Não somos

---

182. ABD-EL-JALIL, J.-M. Saint François et l'Islam. In: *La Vie Franciscaine,* 7, 1956, p. 447-448 (tradução nossa). Cf. ABD-EL-JALIL, J.-M. *Testimone del Corano e del Vangelo.* Op. cit., p. 126-127.

"possuidores" da Verdade, pois ela não nos pertence. A verdade é Deus e Aquele que Ele enviou para dizer "Eu sou A Verdade". É infinitamente maior do que sabemos e do que jamais poderemos saber. Devemos nos deixar possuir pela Verdade, fazer-nos seus servidores, seu órgão de expressão: miserável sim, mas pasmo; pobre, porém, ainda assim, a serviço[183].

Condição também indispensável para o diálogo dos cristãos com outras tradições religiosas é, segundo o teólogo marroquino, a perseverança por parte dos mesmos no esforço de compreensão amorosa, pois "a confiança gera confiança e a suspeita gera suspeita"[184].

Ainda que não tenha sido compreendido por familiares e compatriotas, os quais nunca aceitaram sua conversão ao cristianismo, a obra de Abd-El-Jalil contribuiu para a nova abordagem do catolicismo em relação às religiões não cristãs expressa sobretudo no documento *Nostra Aetate*, do Vaticano II, além do que sua atuação foi reconhecida pelo magistério católico ao ser nomeado, por Paulo VI, consultor do Secretariado para os Não Cristãos[185].

Em 1964, o grande conferencista foi acometido de um câncer na língua com o qual sofrerá por quinze anos até a morte, realizando assim, na própria carne, o propósito da "Liga das Sextas-feiras" que havia fundado em 1932: ser uma corrente de oração e de sacrifício por parte de cristãos em favor dos muçulmanos.

Mohammed Abd-El-Jalil faleceu aos 29 de novembro de 1979, aniversário da aprovação da *Regra Franciscana* e dia de todos os santos franciscanos.

---

183. ABD-EL-JALIL, J.-M. À la rencontre de l'âme musulmane. In: *34ème Semaine Missionnaire de Louvain*, 1964, p. 5 (tradução nossa).
184. ABD-EL-JALIL, J.-M. *Testimone del Corano e del Vangelo*. Op. cit., p. 70.
185. Cf. TEIXEIRA, F. *Buscadores cristãos no diálogo com o Islã*. São Paulo: Paulus, 2014, p. 52.

Testemunho: frei Jorge Lázaro de Souza

Em linha de continuidade com a experiência de Abd-El-Jalil, coloca-se o testemunho de frei Jorge Lázaro de Souza, também ele um frade menor profundamente tocado pelo encontro de Francisco de Assis com o mundo muçulmano, missionário brasileiro na terra natal de Jalil. Frei Jorge nasceu em Sebastianópolis do Sul/SP, em 1966, e ingressou na Ordem dos Frades Menores, em 1992. Logo depois de ter concluído os bacharelados em filosofia e teologia, partiu para a Missão da Ordem no Marrocos, em 2001, onde permaneceu até 2010. Nesse período, residiu em Tânger e em Rabat, exercendo diversos serviços, tais como: secretário paroquial, professor de espanhol, capelão hospitalar, catequista, conselheiro e ecônomo da Custódia Franciscana no Marrocos e secretário da Nunciatura Apostólica. De volta ao Brasil, atuou sobretudo como formador nas diversas casas de formação da sua Província, bem como, por um ano, em Angola. Mas a missão junto aos irmãos e irmãs muçulmanos do Marrocos sempre pulsou forte no coração de frei Jorge. Por isso, em 2017, retornou àquele país, indo morar, primeiramente, em Marraquexe. Hoje, reside em Rabat, onde, além de ecônomo e secretário da Custódia, atua como capelão carcerário e animador vocacional da Diocese. Em 2019, frei Jorge cursou o Master em Espiritualidade Franciscana na Escola Superior de Ensino Franciscano, em Madri, na Espanha, escrevendo o seu trabalho de conclusão sobre o seguinte tema: Diálogo entre Cristianismo e Islã no Marrocos à luz do carisma franciscano: história e perspectivas. *Eis um breve e interessante relato sobre a sua rica experiência missionária:*

Quando era jovem e inquieto por descobrir qual a missão que Deus tinha pensado para mim – digo missão porque era o que me vinha à mente e ao coração mais que o conceito de vocação –, conheci a vida de São Francisco através do livro *O pobre de Assis*, de Nikos Kazantzakis. Anos mais tarde, já participando de um grupo vocacional paroquial, um jovem, que conhecia os frades menores, convidou-me para lhes visitar. Desde então, o despertar para o carisma franciscano, o ser frade menor, foi algo que me abriu os olhos, levando-me a uma nova relação com Deus e com Jesus Cristo.

Participando dos encontros vocacionais e logo admitido à formação franciscana, foi-me possibilitado um conhecimento mais aprofundado da vida de São Francisco através dos seus *Escritos*, das suas *Hagiografias* e do convívio com os freis. Descobri que São Francisco é uma pessoa fascinante e fascinadora ao longo de todos os tempos. Então, pude dizer como ele: "é isto que eu quero, é isto que eu procuro, é isto que eu desejo fazer do íntimo do coração" (1Cel 22,3). Compreendi que, para a realização de uma missão, é necessária uma vocação: ser frade menor.

O que mais me fascinou em São Francisco, dentre tantos aspectos da sua vida, foi o encontro dele com o sultão Malek-el--Kamel. Trata-se de um fato que ainda hoje impressiona a muitos, por não compreenderem como foi possível, na época das Cruzadas, quando a Igreja Católica perseguia os muçulmanos, o santo ter tido a coragem de colocar-se a caminho e de ir ao encontro de alguém considerado perigoso e violento. Com isso, atrevo-me a considerar São Francisco como o "pai", o precursor do diálogo inter-religioso, se assim podemos dizer. Porém, esse é um conceito moderno que, por sua vez, não acrescenta nem diminui a repercussão do gesto do *Poverello*.

Um elemento interessante deste encontro refere-se ao fato de que o santo se dirigiu ao sultão para convertê-lo e "caiu do cavalo", expressão popular alusiva à conversão de São Paulo. Realmente, Francisco fez esta experiência quando deixou o acampamento do sultão, impressionado com a demonstração de sua fé, ainda que a conversão do sultão ao catolicismo não tenha sido possível. Entretanto, podemos dizer que o santo, nesse encontro, em espírito de minoridade, aprendeu muito mais do que ensinou.

De fato, no encontro de Francisco com o sultão não houve vencidos nem vencedores. Porém, sabemos que, ao menos da parte do *Poverello*, algo mudou no seu modo de ver o outro, aquele que pensa diferente de mim, que professa outra religião. Isso foi resultado de um mútuo conhecimento da fé professada por ambas as partes, de um grande respeito e de um profundo aprendizado das distintas religiões professadas: a católica e a muçulmana.

Em 2019, celebramos os oitocentos anos de presença franciscana no Marrocos, que começou com a chegada dos primeiros cinco frades, martirizados, em 1220, na cidade de Marraquexe. Querendo dar continuidade a essa missão, com o mesmo espírito de São Francisco, coloquei-me à disposição da Ordem para ir ao Marrocos e estar entre os muçulmanos.

Atualmente, nosso encontro com os muçulmanos se dá através das atividades socioculturais. No âmbito propriamente da evangelização, no Marrocos é proibido por lei fazer proselitismo. No entanto, a presença da Igreja é muito respeitada, o que nos possibilita a liberdade de culto. Podemos dizer que temos duas vertentes missionárias: uma, a serviço da Igreja local para os que são católicos; e outra, refere-se ao serviço com e para os muçulmanos. Além disso, com o aumento da presença de católicos, sobretudo de jovens estudantes que frequentam nossas igrejas, e o aumento considerável de imigrantes ilegais que chegam ao país com o objetivo de entrar na Europa, nossos trabalhos, ao longo dos anos, se diversificaram muito. Há, portanto, necessidade de atenção também a estes grupos que chegam até nós.

Mas como descrever a minha experiência nestes anos de missão no Marrocos com e entre os muçulmanos? A minha primeira experiência direta junto aos muçulmanos aconteceu no nosso centro cultural de Tânger, no norte do país, dando aulas de espanhol. Os nossos centros culturais são uma plataforma para entrarmos em contato com os jovens, oferecendo-lhes este serviço e, ao mesmo tempo, para adquirirmos conhecimento daquilo que eles pensam e compreendem sobre os âmbitos religioso, político e social. Digamos que é uma relação de intercâmbio de conhecimentos.

Desde que estou no país, tive uma única possibilidade de diálogo inter-religioso propriamente dito. Aconteceu no ano passado (2020), quando fizemos uma exposição de presépios, aberta à visita de todos, na nossa igreja de Rabat, capital do Marrocos. Certo dia, entrou um jovem muçulmano para visitar a exposição e, depois de ter percorrido todos os presépios, ao sair, mostrou-me um livro que falava sobre o amor de Deus. Fiquei surpreendido pela atitude desse jovem, muito convencido daquilo que falava. Foi uma conversa rápida, porém muito interessante, pois não dizia respeito a ser católico ou muçulmano, e sim, ao amor de Deus nas nossas vidas.

Entretanto, o diálogo inter-religioso acontece através de todos os nossos contatos com os muçulmanos no cotidiano da vida: na rua, no comércio, na administração etc. Portanto, ao longo de todos esses anos de presença franciscana no Marrocos, acredito que a cada dia o diálogo acontece, quando nos dispomos a conhecer, amar e servir os nossos irmãos muçulmanos. Buscar o diálogo inter-religioso continua e continuará sendo um desafio para todos. Desafio, por que, independentemente da religião que professamos, em geral, temos dificuldades em aceitar o outro que pensa e reza diferente de mim.

Essa é a minha vocação: ser frade menor em terra muçulmana, vivendo como filho de um Deus que ama a todos sem distinção alguma, amando a todos os nossos irmãos que professam outra religião, acolhendo a todos e sendo acolhido por todos como criatura de um mesmo Deus-Pai-Criador e infinitamente Amor. Esse Amor deveria levar-nos a ver os muçulmanos não apenas como aqueles que professam uma outra religião e com os quais queremos entrar em diálogo, mas sim como irmãos, filhos do mesmo Pai e, portanto, herdeiros do mesmo Reino que, sem distinção de religião, de raça ou de cor, foi preparado desde sempre para todos.

Testemunho: pastor Tiago Sant'Ana Cezar

Na nossa realidade brasileira, além do diálogo com membros de outras religiões, especialmente as afro-brasileiras, os cristãos e cristãs são convocados também ao diálogo ecumênico, ou seja, entre as diversas denominações cristãs, muito presentes em nosso país. Por conta disso, oferecemos um sugestivo testemunho do Pastor Batista Tiago Sant'Ana Cezar, nascido em Petrópolis/RJ, em 1984, casado com Jennifer da Cruz Viegas Teixeira Sant'Ana e pai de Moisés e Ingrid. Pastor desde 2013 e atualmente pastoreando a Primeira Igreja Batista em Vargem Grande, Teresópolis/RJ, possui formação em Teologia pela Universidade Metodista de São Paulo (Umesp) e pós-graduação em Ciências Humanas pela Pontifícia Universidade Católica do Rio Grande do Sul (PUC-RS). É coautor do livro Olhares de Esperança: A teologia de Jürgen Moltmann em foco. *Muito atuante nas mídias eletrônicas, possui um canal no YouTube chamado* Entre Mentes, *no qual reflete sobre questões religiosas e existenciais. O Pastor Tiago intitulou assim o seu testemunho:*

O encontro de um pastor com Francisco

Certa feita, Jesus subiu, junto de uma grande multidão, para um evento que poderíamos nomear como um *Déjà vu* milenar. Assemelha-se ali a Moisés, o grande libertador e legislador judeu. Entretanto, no evento mosaico, trovões, relâmpagos, tremores assaltavam o Monte e assombravam os assistentes, aquele povo peregrino em busca de sua terra. Deus falava com Moisés e o povo temia, ficando numa distância segura. Em contrapartida, no segundo evento, não há alguém intermediando Deus, o próprio Deus encarnado se aproxima da gente que se reúne, sem distanciamentos; os tremores não ocorrem por fora, mas, na alma, dentro deles. Uma atração irrecusável os aproxima daquele evento crístico; Deus não estava acima de todos, mas no meio de toda a gente.

Nesse evento, Jesus proclama o seu sermão, inicia com as bem-aventuranças e, dentre essas, a que anunciava: "Bem-aventurados os mansos, pois eles herdarão a terra" (Mt 5,5). No contexto judaico, uma terra prometida havia sido alcançada nos tempos de Moisés; entretanto, na época de Jesus, a mesma terra estava confiscada por Roma. Seria essa bem-aventurança uma esperança da reconquista daquele território? Não, decididamente, não fora isso que Jesus falara. O terreno a ser herdado não seriam as dimensões e os hectares delimitados da geografia de Israel, mas sim o coração humano. Alguns desses mansos, conquistadores dos terrenos sagrados do coração, habitaram em nosso meio, e um, que fora sobremodo excelente, tinha por nome Francisco.

Sou um pastor evangélico de tradição reformada batista. Tal reforma deu continuidade à ética da Igreja; porém, nos tirou a estética dos templos. As celebrações perderam o incentivo e a manifestação do belo. A estética não salva ninguém, porém abrilhanta e ressalta a beleza de alguém salvo do tenebroso mundo caótico, sem beleza, sem vida. Nunca me assombrei com as imagens, mas celebro, tal como meus irmãos católicos, a vida que se manifestou em cada figura que venceu as zonas de morte da própria existência. Cada santo se tornou um arquétipo no inconsciente coletivo da humanidade.

São Francisco é espelho do Cristo. Olhar para Francisco é perceber que nos é possível e nos está disponível a proposta do Evangelho. Quantas vezes ouvimos de uma ou outra pessoa: "Ah! Amar e perdoar como Jesus nos disse é impossível. Ele era Deus, nós somos humanos". A encarnação de Cristo nos eleva a um Deus que não quis nos divinizar, mas nos humanizar. Humano seria aquilo que nos designaria e nos diferenciaria de outros animais, contudo, tornou-se um adjetivo, ou seja, quando vemos alguém oferecer uma dádiva a um necessitado dizemos: "Como fulano é humano"! Nossa humanidade se perdeu nos trajetos da vontade irrefreada de poder, glória e acúmulo. Tornamo-nos bestas-feras, lobos do próprio homem, a guerra de todos contra todos.

O jovem Francisco desejava o que os desumanos desejam: reconhecimento de sua pluripotente existência. Ansiava por poder e glória. O mundo ao seu redor favorecia tal busca: sendo seu pai um comerciante reconhecido e bem-sucedido, Francisco seria o sucessor daquele conquistador de territórios divinizados pelo capital. Todavia, antes do jovem se ludibriar com as glórias de Mamon ou absorver títulos que o exaltariam na sociedade, Deus o encontrou. O encontro não foi com tremores de terra, montes fumegando, relâmpagos e trovões, mas, tal como no Sermão da Montanha, veio com uma brisa suave que acalenta o coração assoberbado de dores e aflito com o cansaço da alma.

Francisco gera em nós perplexidade. A radicalidade franciscana perante o chamamento do Cristo parece algo mítico; entretanto, os que se tornam cocriadores da existência humana são aqueles que vão à raiz desse arriscado caminho para dentro de si mesmos. Francisco soube que o caminho que se faz para dentro de si é muito mais desafiador e, consequentemente, mais perigoso do que o caminho que se realiza para fora. Não são as posses que alguém adquiriu que determinam o quão destemido e valente se é, mas sim o quanto de conflitos e confrontos interiores nos quais o indivíduo se propõe mergulhar. Quem se enfrenta, encara a coragem de Ser.

Francisco era alguém assombrosamente determinado. Assombroso, pois não lidamos bem com a autenticidade. Favorecemos em nós e nos que nos rodeiam o espetáculo da inautenticidade. As máscaras nos caem muito bem; a Francisco, não faziam mais parte da sua vida. Despia-se, literal e simbolicamente, das amarras de uma vida inautêntica. Percebeu que, quando alguém tem algo, na realidade torna-se escravo do seu objeto. Portanto, não somos nós que temos as posses, são elas que nos têm. As posses determinam a nossa vida, nossos anseios, nossos medos, nossos temores. Para Francisco, só se é livre quando nada se possui; pois, quem muito possui, por muito será possuído. Sujeitos se tornam objetos em um piscar de olhos e, quando alguém se torna um objeto, também objetifica as outras pessoas e os relacionamentos.

Francisco a tudo irmanou, até mesmo a morte. Não deixou de sentir dores, não se tornou apático perante a existência, preferindo morrer a viver. Amava a vida a ponto de reconciliá-la consigo, do temido lobo de Gubbio ao sultão egípcio Malek-Al-Kamel, odiado pelos cristãos. Francisco se especializara em derrubar muros e em construir pontes. A selvageria alheia se curvava perante a generosidade do homem manso. Francisco se tornara herdeiro das terras endereçadas na alma humana.

Portanto, o Santo Francisco nunca será propriedade de nenhuma instituição, pois ele mesmo se expropriou para ser livre e, sendo achado em liberdade, conquistou livremente os corações que o circundavam, como também os nossos que, embora distantes cronologicamente, nos aproximamos existencialmente dele. Francisco habita um dos cômodos da nossa alma. Francisco pertence à humanidade, pois nos restaura a vivência do humano. Reconcilia a vida, demonstrando que, apenas dessa maneira, manteremos o semblante sereno diante da morte, a irmã morte.

Quem a tudo irmanou, também nos trouxe à memória de que habitamos todos na mesma casa comum; nós, todas as criaturas. Francisco revela em si os sinais do Cristo e da sua cruz. Quando Cristo é imolado no madeiro, aquela cruz tem em sua estrutura uma verticalização que nos transcende em direção a Deus e uma horizontalização que nos direciona a todas as criaturas, numa imanência constante de proximidade, perdão, reconstrução, reconciliação e vida na vida de alguém.

Como pastor evangélico, vejo em Francisco o Evangelho se encarnando. Desde pequeno, tendo frades franciscanos como vizinhos e estando bem próximo do Instituto Teológico Franciscano de Petrópolis, com sua rica e disponível biblioteca e, principalmente, com o primor e o alento do curso de Espiritualidade Franciscana, fiz-me irmanado, com perdão da redundância, com Frades Menores, Irmãs Clarissas, membros da Ordem Franciscana Secular; enfim, com irmãos e irmãs. Somos todos Francisco, vivendo na vocação que humaniza a existência e plenifica a criação.

VIII
Ecologia

Como vimos a propósito do tema da fraternidade, o reconhecimento, por parte de Francisco, de que cada companheiro e companheira que o Senhor lhe dava e cada pessoa com quem se encontrava era um irmão e uma irmã a ser acolhido e cuidado como amor materno, origina-se daquela sua tomada de consciência muito pessoal de Deus como o único e verdadeiro Pai do qual todos somos filhos e filhas.

Tal consciência da paternidade divina enquanto princípio criador, por sua vez, vai se ampliando sempre mais até atingir as relações de Francisco não somente com as pessoas, mas também com todos os seres da criação, o que foi muito bem descrito por São Boaventura na *Legenda Maior*:

> Repleto também de piedade mais copiosa pela consideração da origem de todas as coisas, chamava as criaturas, por mais pequeninas que fossem, com os nomes de irmão e de irmã, pelo fato de que sabia que elas tinham com ele um único princípio (lm viii, 6,1).

Desse modo, ainda que, na história da Espiritualidade Cristã, Francisco de Assis não tenha sido o primeiro personagem a se relacionar amigavelmente com os seres irracionais e a se comunicar com eles – o que constituía, na Idade Média, um verdadeiro *topos hagiograficus*, ou seja, um lugar comum para se demonstrar a santidade de uma pessoa[186] –, deve-se reconhecer que ele foi o primeiro de quem se tem registro a referir-se aos mesmos com o apelativo de "irmão" e "irmã", integrando-os, assim, na grande família das criaturas cujo Pai é Deus.

Daqui deriva o forte apelo ecológico da Espiritualidade Franciscana, o que fez com que, em 1979, o Papa João Paulo II proclamasse o Santo de Assis como o "celeste patrono dos cultores da ecologia"[187] e que o Papa Francisco se inspirasse especialmente nele para escrever, em 2015, a sua encíclica sobre o cuidado da casa comum, a *Laudato Si'*[188]. Deve-se, no entanto, atentar para o fato de que o vocábulo "ecologia" não consta das *Fontes Franciscanas*, uma vez que pertence à linguagem contemporânea, e não àquela medieval[189].

Portanto, ao tomarmos os textos das *Fontes* como referência para nossas reflexões acerca da ecologia, devemos fazê-lo tendo presente que os mesmos não foram redigidos com tal finalidade, mas que, não obstante isso, como afirma Cesare Vaiani, "oferecem um material de gestos e comportamentos de Francisco que podemos interpretar em relação à nossa sensibilidade e cultura modernas e, portanto, também com relação à ecologia"[190]. Comecemos, pois, pelos *Escritos de Francisco*.

---

186. Por exemplo, Santo Antão que, segundo seu biógrafo Santo Atanásio, conversou amigavelmente com os animais selvagens que pisavam sobre o canteiro de hortaliças que havia semeado (cf. ATANASIO. *Vida e conduta de S. Antão*. Col. Patrística n. 18. São Paulo: Paulus, 2002, p. 335-336).

187. Para a versão espanhola da carta da proclamação, cf. http://www.vatican.va/content/john-paul-ii/es/apost_letters/1979/documents/hf_jp-ii_apl_19791129_inter-sanctos.html

188. Cf. http://www.vatican.va/content/francesco/pt/encyclicals/documents/papa-francesco_20150524_enciclica-laudato-si.html

189. Trata-se de um neologismo criado no século XIX pelo estudioso alemão Ernest Haeckel.

190. Cf. VAIANI, C. *Teologia e fonti francescane*. Op. cit., p. 54 (tradução nossa).

Escritos de Francisco

Como mencionamos acima, Boaventura entende que Francisco chamava as criaturas todas de irmãs por considerá-las, junto com ele, provenientes de um único princípio criador. Realmente, em Francisco não se percebe nenhum sinal daquela heresia cátara que, na sua versão mais radical, afirmava a existência de dois princípios criadores: um bom, autor dos seres espirituais e incorruptíveis, e outro mau, autor dos seres corporais e corruptíveis[191]. Ao contrário, logo no início daquela sua grande oração de ação de graças da *Regra não Bulada*, conhecida também como o "Prefácio Franciscano", o *Poverello* afirma categoricamente que Deus Pai, pelo Filho e com o Espírito Santo, criou "todas as coisas espirituais e corporais" (RnB 23,1).

Daí por que, utilizando-se das palavras da Sagrada Escritura, sobretudo dos *Salmos*, do *Apocalipse* e do *Cântico de Daniel*, ele convida todas as criaturas a louvarem o único Criador, especialmente nas orações que compôs mais propriamente para esse fim, como os *Louvores a serem ditos a todas as horas canônicas* e a *Exortação ao louvor de Deus*, além de diversos salmos do *Ofício da Paixão do Senhor*, particularmente os do tempo pascal.

Mas, sem dúvida alguma, dos textos compostos por Francisco, aquele no qual o convite às criaturas ao louvor do Criador torna-se mais eloquente é o *Cântico do irmão sol*, também chamado, justamente, de *Louvores das criaturas*. Trata-se de um dos últimos *Escritos de Francisco*, composto a menos de dois anos da sua morte quando, extremamente debilitado fisicamente, estabelece-se junto ao mosteiro de Santa Clara, em São Damião, a fim de recuperar as forças.

---

191. Cf. PERETTO, E. *Movimenti spiritual laicali del medioevo* – Tra ortodossia ed eresia. Roma: Studium, 1985, p. 63-70.

A *Compilação de Assis*, em uma narrativa comovente, apresenta-nos o contexto da composição do Cântico, descrevendo, com riqueza de detalhes, os terríveis sofrimentos de Francisco e a grande consolação divina com a qual, numa noite de grandes tormentos, foi contemplado (cf. CA 83). O *Cântico*, portanto, representa sobretudo o louvor de Francisco pela consolação de Deus, como muito claramente afirma a referida fonte ao indicar aquelas que teriam sido as três finalidades do mesmo: "para o seu (de Deus) louvor, para nossa consolação e para a edificação do próximo" (CA 83,21).

De fato, já o primeiro versículo do *Cântico* nos fala que é a Deus, o "Altíssimo, onipotente, bom Senhor", que pertencem "o louvor, a glória e a honra e toda bênção" (Cnt 1), sendo que, o último, termina com a seguinte exortação: "Louvai e bendizei ao meu Senhor, e rendei-lhe graças e servi-o com grande humildade (Cnt 14). Assim, percebe-se que a impostação geral do texto é eminentemente teológica, no sentido de que Francisco não cultua as criaturas em si mesmas, mas a Deus, *por* e *com* elas, de modo que ele não pode, em hipótese alguma, ser acusado de panteísta[192].

Sobre este *Cântico* muito já se escreveu[193] e ainda poderá ser escrito, pois, enquanto texto poético, é passível de muitas interpretações. Gostaríamos somente de chamar a atenção para o fato de que, nele, as criaturas não são simplesmente nomeadas, como naquele de Daniel (cf. Dn 3,52-90), mas também ricamente qualificadas e valorizadas. E não somente por sua utilidade prática,

---

192. Do grego, *pan* (tudo) mais *theós* (Deus): a crença de que tudo é Deus; ou seja, de que cada ser individualmente e todos em conjunto identificam-se com a divindade.

193. Citamos apenas alguns títulos em português: LECLERC, E. *O Cântico das Criaturas ou símbolos da união*. Petrópolis: Vozes, 1977. • ALENCAR, C. *Cântico das Criaturas*: ecologia e juventude do mundo. Petrópolis: Vozes, 2000. • CHENIQUE, F. *O yoga espiritual de São Francisco de Assis*: simbolismo do Cântico das Criaturas. São Paulo: Pensamento, 1978.

como também por seu caráter simbólico e evocativo tanto de certas dimensões da profundidade humana quanto do mistério divino.

Tal constatação provoca-nos a superar uma aproximação meramente utilitarista dos diversos seres da criação, muitas vezes considerados simplesmente como recursos à disposição das necessidades humanas. Para Francisco, ao contrário, as diversas criaturas têm valor em si mesmas, enquanto cada uma, a seu modo, remete-nos à bondade, sabedoria e beleza divinas. Daí se entende por que, como recorda Tomás de Celano, ele "manda que o hortelão deixe sem cavar a faixa de terra ao redor da horta, para que, a seu tempo, o verdor das ervas e a beleza das flores apregoem que é belo o Pai de todas as coisas" (2Cel 165,12).

Francisco nos ensina, assim, que tudo depende do modo como consideramos as criaturas, de como as olhamos, ou melhor, de como as contemplamos, pois, na verdade, somente o olhar contemplativo pode perceber a presença do infinito no finito, do eterno no temporal. Daí por que ele nos convida a olhar para a natureza com "olhos espirituais" (Ad 1,20), vale dizer, com os olhos do coração, pois, bem antes de Saint-Exupéry, ele já sabia que "só se vê bem com o coração"[194].

Contextos biográficos: a pregação aos pássaros

A propósito da relação fraterna de Francisco com os diversos seres a partir das fontes hagiográficas, muito poderia ser dito. Bastaria lembrarmos que algumas delas reservam seções inteiras ou vários capítulos para descrever o afeto dele para com as criaturas e delas para com ele[195]. É claro que, como já alertamos, os hagió-

---

194. DE SAINT-EXUPÉRY, A. *O pequeno príncipe*. Rio de Janeiro: Agir, 1969, p. 74.
195. P. ex.: os números 165 a 171 da *Segunda Vida de Celano*, o capítulo VIII da *Legenda Maior* e a 13ª parte do *Espelho da Perfeição*.

grafos não o fazem para tratar de ecologia, mas para comprovar a santidade do *Poverello* e exaltar suas virtudes, de modo a incitar seus leitores à devoção e à imitação do santo.

Tendo isso presente, tomemos como exemplo a narração feita por Celano da pregação de Francisco aos pássaros – eternizada no célebre afresco de Giotto, na Basílica Superior de São Francisco, em Assis[196] –, a fim de percebermos alguns dos seus significados de caráter ecológico. Eis o texto:

> Neste meio-tempo, como foi dito, enquanto muitos se juntavam aos irmãos, o beatíssimo pai Francisco percorria o Vale de Espoleto. Ele se dirigiu a um lugar perto de Bevagna, em que estava reunida a maior multidão de aves de diversas espécies, a saber, de pombas, de gralhas e de outras que vulgarmente se chamam monjinhas. Quando Francisco, o beatíssimo servo de Deus, as viu, porque era homem de fervor muito grande e tinha grande afeto de compaixão e doçura também para com as criaturas inferiores e irracionais, correu alegremente até elas, tendo deixado os companheiros na estrada. E estando já bastante perto e vendo que elas o aguardavam, saudou-as do modo habitual. Mas, admirando-se não pouco de como as aves não se tivessem levantado em fuga, como costumam fazer, repleto de enorme alegria, rogou-lhes humildemente que ouvissem a palavra de Deus. E entre muitas coisas que lhes falou, acrescentou também: "Meus irmãos pássaros, muito deveis louvar o vosso Criador e sempre amar aquele que vos deu penas para vestir, asas para voar e tudo de que necessitais. Deus vos fez nobres entre suas criaturas e concedeu-vos a mansão na pureza do ar, porque, como não semeais nem colheis, ele, todavia, vos protege e governa sem qualquer preocupação

---

[196]. Remetemos ao seguinte endereço eletrônico, através do qual se pode visualizar o referido afresco: http://www.gliscritti.it/gallery3/index.php/album_009/assisi15

vossa. A estas palavras, aquelas aves, como ele próprio dizia e os irmãos que estavam com ele, exultando de modo admirável segundo sua natureza, começaram a esticar os pescoços, a estender as asas, a abrir o bico e a olhar para ele. E ele, passando no meio delas, ia e voltava, roçando com sua túnica as cabeças e corpos delas. Finalmente, abençoou-as e, tendo feito o sinal da cruz, deu-lhes a licença para voarem a outro lugar. E o bem-aventurado pai, alegrando-se, ia com seus companheiros por seu caminho e rendia graças a Deus, a quem todas as criaturas veneram com humilde confissão. Como ele já fosse simples pela graça, não pela natureza, começou a acusar-se de negligência, porque antes não havia pregado às aves, já que elas ouviram a palavra de Deus com tanta reverência. E assim aconteceu que a partir daquele dia, solícito, ele exortava todos os pássaros, todos os animais e todos os répteis e também as criaturas insensíveis ao louvor e amor do Criador, porque a cada dia, tendo invocado o nome do Salvador, conhecia por própria experiência a obediência delas (1Cel 58; cf. 3Cel 20; LM 12,3 e Fior 16).

Em primeiro lugar, destacamos a atenção de Francisco para com as aves: ele é capaz de interromper sua viagem e de deixar os companheiros para ir ao encontro delas. Portanto, não as trata com indiferença, considerando-as simplesmente como parte de um cenário do qual ele é o protagonista, mas como também atrizes do grande espetáculo da vida regido pelo Deus criador. A alegria com a qual corre para elas, por sua vez, exprime a familiaridade de um relacionamento cultivado desde muito, como entre amigos que, uma vez separados, experimentam a alegria de se reencontrar.

Tal familiaridade se confirma pelo fato de que as aves já o esperavam, sem medo, uma vez que entre elas e ele havia se estabelecido uma relação de confiança. Por força dessa confiança das aves, Francisco sente-se na liberdade de lhes oferecer o que de mais precioso possuía: a sua fé na Palavra de Deus revelada, não somente no livro da criação, mas também nas Sagradas Escrituras, proclamando o quanto também as aves são amadas por Ele e, consequentemente, quanto devem amá-lo e louvá-lo. Diante de tal pregação, as aves reagem dos mais diversos modos, dando-lhe mostras de que a haviam acolhido.

Para além de todos os floreios literários dos hagiógrafos, o centro das narrações parece residir no fato de que, para Francisco, as criaturas todas, e não somente o ser humano, são destinatárias da Palavra de Deus. Em outras palavras, também os seres irracionais participam do desígnio de amor que Deus tem para com a humanidade, pois, como afirma Paulo, as criaturas todas vivem "na esperança de serem, também elas, libertadas do cativeiro da corrupção para participarem da liberdade gloriosa dos filhos de Deus" (Rm 8,21).

Nesse sentido, percebe-se uma substancial diferença, não tanto no conteúdo, mas, sobretudo, nas circunstâncias e nas finalidades, entre a pregação de São Francisco aos pássaros e a pregação de Santo Antônio aos peixes. De fato, o grande pregador Antônio, a quem Francisco escrevera uma breve carta permitindo-lhe ensinar a Sagrada Teologia aos frades (Ant), prega aos peixes movido pela obstinação dos hereges de Rímini, aos quais havia, por vários dias, exortado à fé cristã. Os peixes, aqui, não aparecem como os destinatários primeiros da Palavra de Deus, mas o são sempre os seres humanos que, de acordo com o contexto, deveriam ser demovidos da própria obstinação por força da docilidade dos peixes, como se comprova pela frase final de Antônio segundo o relato dos *I Fioretti*: "Bendito seja Deus eterno, porque mais o honram os peixes aquáticos do que os homens heréticos e melhor escutam a sua palavra os animais do que os homens infiéis" (Fior 40).

Portanto, Antônio prega aos peixes por causa dos seres humanos, enquanto que Francisco prega às aves por causa delas mesmas, indicando, assim, para o caráter insubstituível de cada ser da criação na realização daquele destino último para o qual tudo está se encaminhando. Nessa mesma direção aponta o Papa Francisco quando, na *Laudato Si'*, afirma que "o conjunto do universo, com as suas múltiplas relações, mostra melhor a riqueza inesgotável de Deus", de modo que, "assim, compreende-se melhor a importância e o significado de qualquer criatura, se a contemplarmos no conjunto do plano de Deus" (LS n. 88).

Concluindo, podemos dizer que a pregação de Francisco às aves surge, não como um improviso, mas como um momento especial daquela familiaridade que já existia entre ele e elas e que continuou a existir até o momento final de sua vida, como o atestam várias fontes:

> Por isso, aprouve ao Senhor que as próprias avezinhas dessem um sinal de seu amor por ele na hora de sua morte. No sábado à tarde, depois das Vésperas, antes da noite em que migrou para o Senhor, grande multidão dessas aves, chamadas cotovias, reuniu-se sobre o telhado da casa em que ele jazia e, voando um pouco, faziam um círculo ao redor do telhado e, cantando docemente, pareciam louvar o Senhor (1ep 113,7-9; cf. lm xiv, 6,9-10; 3Cel 32; ca 14,1).

Atualidade: Teilhard de Chardin

Pierre Teilhard de Chardin, filósofo, teólogo e paleontólogo, nasceu em Orcines, na França, em 1881. Em 1899, ingressou na Ordem Jesuíta, tendo sido ordenado sacerdote, em 1911, e obtido o doutorado em paleontologia pela Sorbonne, em 1922. De 1920 a 1923, lecionou no Instituto Católico de Paris. Devido suas tentativas de conciliar a visão eclesiástica tradicional sobre o pecado original com o evolucionismo científico, em 1926, foi forçado a abandonar o ensino e a estabelecer-se na

China, bem como a limitar suas publicações ao âmbito estritamente científico.

Já na China, foi nomeado conselheiro do *National Geological Survey* e, como tal, colaborou na pesquisa que levou à descoberta, em 1929, do homem de Pequim (o *sinantropo*), além de ter completado o manuscrito da sua obra prima, *O fenômeno humano*, publicado postumamente, em 1959[197]. Nessa obra, Teilhard desenvolve o seu conceito de evolução cósmica, fazendo assim uma apreciação positiva do evolucionismo darwiniano. As ideias básicas da sua espiritualidade, no entanto, encontram-se em uma outra obra: *O meio divino*, na qual trata da divinização da existência humana, em virtude da potência espiritual da matéria e da onipresença divina no universo[198].

Desde muito jovem, Teilhard sente-se atraído pelas figuras de Santo Inácio de Loyola, seu fundador, e de São Francisco de Assis, como se pode depreender de algumas de suas cartas. Por exemplo, em 1921, escreve:

> Sonho com um novo S. Francisco ou S. Inácio que viessem apresentar o novo gênero de vida cristã (mais misturada com o mundo e ao mesmo tempo mais separada dele) de que tanto precisamos[199].

---

197. Para essas e outras informações biográficas sobre Teilhard, remetermos ao site da Associação dos Amigos de Pierre Teilhard de Chardin de Portugal: https://amigosteilhardportugal.pt/biografia/ Nele podem ser acessadas várias obras do autor em língua portuguesa.

198. Para um estudo muito bom sobre a espiritualidade de Teilhard, cf. KING, U. *Cristo em todas as coisas* – A espiritualidade na visão de Teilhard de Chardin. São Paulo: Paulinas, 2002.

199. DE LUBAC, H. *La pensée religieuse du Pére Theilhard de Chardin*. Paris: Aubier, 1962, p. 23, citada e traduzida por Jerônimo Jerkovic'. Cf. JERKOVIC', J. *Itinerário do cosmo ao ômega* – São Boaventura e Teilhard de Chardin. Petrópolis: Vozes, 1968, p. 7-8. Vale ainda mencionar que, nessa obra, a tradução portuguesa do célebre *Itinerário da mente para Deus* de Boaventura é precedida por uma introdução na qual Ewert Cousins traça interessantes paralelos entre o pensamento do teólogo franciscano do século XIII e o do teólogo e cientista jesuíta do século XX.

E, numa outra carta, de 1926, confessa a um amigo:
> Oh! Como gostaria de ter encontrado S. Inácio e S. Francisco dos quais tanta necessidade tem a nossa época! Seguir um homem de Deus num caminho livre e novo, levado pela plenitude da seiva religiosa do seu tempo – que sonho! Eu peço frequentemente a Deus ser a cinza donde surgirá, para os outros, aquele grande desabrochamento que faltou à nossa geração[200].

Porém, já aos dezessete de setembro 1919, numa carta escrita à prima Marguerite Teillard-Chambon, Teilhard comentava sobre a grande comoção que sentiu ao ler, na *Liturgia das Horas*, o relato da *Legenda Menor* de São Boaventura sobre a impressão dos estigmas de São Francisco, na recorrência dessa celebração:
> Até agora esta solenidade me tinha parecido bastante indiferente. Desta vez, ao contrário, lendo no breviário o relato que da visão faz S. Boaventura, fiquei muito impressionado pelo simbolismo daquele Espírito ardente e crucificado que apareceu a S. Francisco para o repletar duma mistura de dores e de alegria. Não sei se este é o sentido verdadeiro do prodígio: mas vi aí uma das figuras e uma das revelações mais perfeitas, como jamais houve na Igreja, daquele Cristo universal e transformador que se mostrou, creio eu, a S. Paulo, e do qual a nossa geração sente tão invencivelmente a necessidade[201].

Ademais, para além dessas referências explícitas de Teilhard a Francisco, percebe-se uma grande afinidade espiritual entre eles, de modo que, salvaguardadas as diferenças históricas e culturais que separam os dois personagens em sete séculos, poderíamos citar vários textos do jesuíta francês que nos remetem a certos *Escritos*

---

200. JERKOVIC', J. *Itinerário do cosmo ao ômega*. Op. cit., p. 8.
201. DE CHARDIN, T. *Genèse d'une pensée*. Paris: Grasset, 1961, p. 402-403. Cf. JERKOVIC', J. *Itinerário do cosmo ao ômega*. Op. cit., p. 9-10.

do Poverello. Limitamo-nos aqui, contudo, a algumas passagens da sua sugestiva oração intitulada *Hino à matéria*, contida no texto: *O poder espiritual da matéria*, de 1919, na qual, à semelhança do *Cântico das Criaturas* de Francisco, Teilhard considera a criação como uma grande diafania, ou seja, uma transparência da grandeza, bondade e beleza divinas:

> Bendita sejas, áspera Matéria, gleba estéril, duro rochedo, tu que não cedes senão à violência e nos forças a trabalhar se quisermos comer. Bendita sejas, perigosa Matéria, mar violento, indômita paixão, tu que nos devoras se não te acorrentamos. Bendita sejas, poderosa Matéria, evolução irresistível, Realidade sempre nascente, tu que fazendo estourar a todo instante nossos quadros, nos obrigas a perseguir sempre mais longe a Verdade. Bendita sejas, universal Matéria, Duração sem limites, Éter sem margem – Triplo abismo das estrelas, dos átomos e das gerações –, tu que, ultrapassando e dissolvendo nossas estreitas medidas, nos revelas as dimensões de Deus. Bendita sejas, impenetrável Matéria, tu que estendida em toda parte, entre nossas almas e o mundo das Essências, nos fazes elanguescer do desejo de romper o véu inconsútil dos fenômenos. Bendita sejas, mortal Matéria, tu que, dissociando-te um dia em nós, nos introduzirás, forçosamente, no próprio coração daquilo que é. Sem ti, Matéria, sem teus ataques, sem tuas espoliações, viveríamos inertes, estagnados, pueris, ignorantes de nós mesmos e de Deus[202].

Não obstante a incompreensão por parte do magistério eclesiástico do seu tempo, as ideias de Teilhard, sobretudo no que diz

---

202. REZEK, R. (coord.). *Para aquele que vem* – Orações do Pe. Teilhard de Chardin (José Luiz Archanjo (trad.)). São Paulo: Instituto Social Morumbi, 1985, p. 64. Sobre o tema da diafania em Teilhard, cf. https://repositorio.ufjf.br/jspui/bitstream/ufjf/90/1/deborahterezinhadepaulaborges.pdf

respeito a uma atitude positiva da Igreja Católica com relação aos avanços científicos, à realidade material e ao mundo, acabaram por influenciar os textos do Concílio Vaticano II, especialmente o documento *Gaudium et Spes*[203]. Papa Francisco, na *Laudato Si'*, evoca o seu pensamento quando fala de Cristo ressuscitado como fulcro da maturação universal[204].

Teilhard morreu no dia dez de abril de 1955, um domingo de Páscoa, como desejava, em Nova York, de ataque cardíaco.

Testemunho: Breno Herrera da Silva Coelho

O biólogo Breno Herrera da Silva Coelho, nascido na cidade do Rio de Janeiro, em 1978, possui mestrado em Planejamento Ambiental e doutorado em Psicossociologia de Comunidades e Ecologia Social pela UFRJ. Dentre outras atividades, atua como professor na Uerj e no Instituto Teológico Franciscano de Petrópolis/RJ, como analista ambiental do Instituto Chico Mendes de Conservação da Biodiversidade e como coordenador de Educação Ambiental do Parque Nacional da Serra dos Órgãos, em Teresópolis/ RJ. É autor de diversos artigos em publicações especializadas nas áreas de ecologia política, gestão ambiental, educação ambiental e ecoteologia. Seu trabalho foi reconhecido por veículos de imprensa e no livro comemorativo Guanabara: espelho do Rio[205]. *Pertence à comunidade Matersol (Manos da Terna Solidão), um instituto católico de Vida Consagrada cujo carisma consiste, substancialmente, no diálogo ecumênico e inter-religioso. Em seu testemunho, portanto, conjugam-se harmoniosamente o olhar do cientista e do homem de fé.*

---

203. Cf. http://www.ihuonline.unisinos.br/artigo/2742-pedro-guimaraes-ferreira
204. Cf. LS n. 83, nota 53.
205. CHACEL, C. & COIMBRA, C. *Guanabara*: espelho do Rio. Rio de Janeiro: FGV, 2016.

Trago da infância agradáveis memórias de meus passeios pela Floresta da Tijuca, com meus pais e meu irmão. Morávamos no subúrbio do Rio de Janeiro, longe da refrescante brisa marinha que oferece aos bairros mais nobres um alívio ao tórrido verão carioca. As refrescantes trilhas pelo Parque Nacional da Tijuca, uma das maiores florestas urbanas do mundo, foram nutrindo em mim grande apreço por "estar no mato", refugiado da selva de concreto metropolitana. *Fugere urbem*: ecoava-me o lema dos poetas árcades.

Dando vazão a tal inclinação naturalista, fui cursar Biologia. Estudei na Universidade Federal do Rio de Janeiro, localizada em uma ilha, na baía de Guanabara, ambiente que contrasta beleza natural e degradação socioambiental. Ao fim da graduação, um tanto desapontado com o academicismo universitário, estava farto de teoria e sedento de prática. Dediquei-me a dois projetos: replantio do manguezal degradado da Cidade Universitária e educação ambiental para jovens de favelas do Rio de Janeiro. Tais experiências começaram a me ensinar a indissociabilidade entre ecologia e justiça social. Já não me era tão sedutora a fugidia perspectiva árcade, ancorada no afastamento e ocultamento das contradições sociais. Saí da faculdade marxista e ateu.

Aos 24 anos, concursado como analista ambiental no Ibama[206], assumi a direção da Área de Proteção Ambiental (APA) de Guapimirim, o mais extenso bosque de manguezal do Estado do Rio de Janeiro, localizado ao fundo da Guanabara. Se estava à procura da relação entre ecologia e justiça social, lá encontrei. Na Baixada Fluminense, região onde está localizada a APA, a pobreza e a violência são elementos marcantes. Às vezes, éramos acionados

---

206. Instituto Brasileiro do Meio Ambiente e dos Recursos Naturais Renováveis: agência governamental brasileira responsável pelas políticas públicas federais referentes à proteção ambiental.

pelos pescadores locais para retirarmos cadáveres encontrados no manguezal: mórbida consequência das intermináveis disputas entre facções criminosas e milícias locais. A tal violência explícita soma-se a violência econômica imposta pelas grandes empresas petrolíferas aos pescadores e caranguejeiros que, há muitas gerações, trabalham e zelam pela natureza local.

Progressivamente despossuídos de seus territórios tradicionais, ocupados pelas atividades industriais, os pescadores encarnam em si as mazelas e as contradições entre pobreza e conservação ambiental. Na tensão entre indústria (poder econômico) e pesca artesanal (conservação ambiental), afirmativamente, tomei partido ao lado dos pescadores. Organizados e encorajados, os pescadores se levantaram contra a transformação de um dos rios da APA em uma hidrovia industrial, o que acarretaria na extinção de sua fonte de alimento e renda. Com forte repercussão midiática e pressão popular, após anos de enfrentamento, os pescadores e ambientalistas saíram vitoriosos: a construção da hidrovia foi descartada pelas autoridades governamentais.

Essa luta, no entanto, custou-me um desgaste insuperável com a direção institucional em Brasília, imiscuída com os interesses empresariais da indústria petrolífera, acarretando em minha saída da direção da APA após cerca de uma década de intensa atividade profissional, engajamento social e reflexão existencial. Retornei à universidade para concluir o doutoramento em Psicossociologia: o ecólogo se rendia, cada vez mais, ao que estava além da Biologia. Tal encontro com as ciências humanas foi inspirador e frutuoso.

Em uma viagem à Amazônia, conheci o Santo Daime. Foi uma experiência que deu profundo sentido aos meus insistentes questionamentos existenciais: foi-se o ateu, renascido como cristão. De volta a casa, na Região Serrana do Rio de Janeiro, procurei e fui fraternalmente acolhido pelos padres Paulo Botas e Eduardo

Spiller, que me concederam a consagração, como leigo, na pequena comunidade católica dos Manos da Terna Solidão[207].

Porém, pouco após minha consagração, os padres mudaram-se para outro estado. Foi quando me aproximei dos frades capuchinhos de Teresópolis e encontrei São Francisco. Frei Marcelo Toyansk, por exemplo, estava engajado no apoio às vítimas do trágico desastre socioambiental causado por chuvas torrenciais na Região Serrana do Rio, ocorrido no início de 2011. Acompanhando este trabalho, fui testemunhando que a Espiritualidade Franciscana demanda radical proximidade para com aqueles que passam por sofrimentos. Não é uma espiritualidade etérea e evasiva, tampouco doutrinal ou dogmática. O Cristo que se mostrou a Francisco no rosto dos oprimidos de sua época é o mesmo que se nos mostra hoje, especialmente àqueles que se inspiram no *Poverello* de Assis.

Em 2015, com a publicação da encíclica *Laudato Si'* pelo primeiro Papa a tomar como seu o nome de Francisco, o Instituto Teológico Franciscano (ITF) inaugurou um grupo de estudos voltado à Ecoteologia, ao qual me integrei. Desde então, leciono no ITF, ao lado de queridas e queridos irmãos leigos e clérigos, como o frei Fábio, autor do presente livro. Na citada encíclica, o Papa ensina que Francisco "é o santo padroeiro de todos os que estudam e trabalham no campo da Ecologia" (LS n. 10). Medito nessa frase a sutil influência de Francisco, desde cedo, em minha trajetória. Ele já estava comigo, mesmo que não o identificasse, nas trilhas pela Floresta da Tijuca. Estava comigo junto aos favelados do Rio de Janeiro, aos pescadores da Baixada Fluminense e aos desabrigados de Teresópolis.

---

207. O carisma da Matersol (Manos da Terna Solidão) caracteriza-se pelo diálogo inter-religioso. Pe. Paulo, por exemplo, foi iniciado no Candomblé por Iyá Stella de Oxossi, do Ilê Axé Opô Afonjá, de Salvador/BA.

São Francisco, ao identificar todos os seres da criação como irmãs e irmãos entre si, filhas e filhos do mesmo Pai, alargou a fraternidade cristã para além da humanidade, indo ao encontro dos animais, das plantas e de tudo o mais que nasce da palavra criadora de Deus. Mas, por outro lado – e aí reside, a meu ver, a maior contribuição de São Francisco ao ecologismo contemporâneo –, seu amor à natureza nunca se sobrepôs ao amor aos homens e mulheres em condição de vulnerabilidade ou subalternidade. Se pregava o Evangelho aos passarinhos, também abraçava e consolava os leprosos. Para ele, de fato, sempre foi indissociável o cuidado da criação e a busca por justiça social, conforme a constatação do próprio Papa: "Nele se nota até que ponto são inseparáveis a preocupação pela natureza, a justiça para com os pobres, o empenho na sociedade e a paz interior" (LS n. 10).

Frei Francisco, rogai por nós!

Testemunho: Moema Miranda

A Franciscana Secular, Moema Miranda, nasceu em Teresópolis/RJ, em 1960. Mãe de três filhos e avó de dois netos, ingressou definitivamente na Ordem Franciscana Secular em 2015, tendo exercido o serviço de Ministra da Fraternidade Santo Antônio, do Rio de Janeiro. Mestre em Antropologia Social pela UFRJ, é atualmente doutoranda em Filosofia pela PUC-RJ. Além disso, atua em vários organismos: na equipe de coordenação nacional do Serviço Interfranciscano de Justiça, Paz e Ecologia, como coordenadora da Rede Igrejas e Mineração, como assessora da Comissão Episcopal Especial de Ecologia Integral e Mineração da Conferência dos Bispos do Brasil e como assessora da Repam-Brasil (Rede Eclesial da Pan-Amazônia). Por conta disso, Moema foi uma das mulheres brasileiras convidadas a participar do Sínodo para a Amazônia, ocorrido em Roma, no ano de 2019.

Com São Francisco pelo Caminho!

Se eu fosse poetisa, poderia usar docemente palavras para falar de amor em versos. E assim, quem sabe, contar sobre o meu encontro com São Francisco, com Santa Clara e com o franciscanismo com a delicadeza, a singeleza e, especialmente, com a profundidade anímica do *acontecimento*. Não sendo, restam-me palavras tíbias, arranjos frágeis e conexões insuficientes. Que me perdoe meu irmão, frei Francisco, que sendo menor é o maior, o mais desafiante, o mais apascentador e o mais inquietante dos santos que seguiram o Caminho.

Pessoas que, como eu, viveram o que, em geral, chamamos *conversão*, guardam com muito apreço a memória de um antes e um depois do instante misterioso no qual a vida toda mudou. Ganhou outra dimensão. Avistou o transcendente. Acontecimento que em um instante, um momento, cria uma ruptura a partir da qual tudo é novo, de novo! Passando esse umbral, abre-se um caminho de busca e de saudade de alguma coisa que ainda não se sabe o que é. São Francisco foi mestre na procura desta alguma coisa que já estava anunciada, mas ainda não estava lá. Perambulou, insistiu, peregrinou e, quando a encontrou, foi pura alegria: "é isto que eu quero, é isto que procuro"! (1Cel 22,3). Contrariando o que dizem os filósofos para quem só encontramos o que sabemos buscar, pela entrada no mistério da fé, buscamos algo que se anuncia antes de ser, que suscita o desejo antes da experimentação. Quando chega, como uma brisa suave, o que se procurava assim, é como uma carícia na alma. Encontro que anima a seguir, buscando ainda mais profundamente a "verdadeira e perfeita alegria". Ponto de chegada e de partida.

No meu caso, o instante que marcou a entrada em um novo caminho abriu um percurso longo de rezas, orações, reflexões e mesmo de estudo de Teologia. Ali, na PUC-Rio, colegas queridos me falaram da Espiritualidade Inaciana. Conheci, fiz os Exercícios

Espirituais de Santo Inácio, mas seguia achando que algo mais deveria haver. Assim, em 2011, no meio de um intenso processo de preparação para um grande encontro da sociedade civil altermundialista, a Cúpula dos Povos, encontrei os franciscanos e as franciscanas e, com eles, Francisco e Clara! Para ser sincera, foram os franciscanos que me encontraram. Eu estava em São Paulo apresentando a proposta da Cúpula para um grupo de organizações e movimentos sociais. Ao final do encontro, Hugo Paixão, que naquele momento trabalhava no Sefras[208], convidou-me para uma reunião dos franciscanos e franciscanas que aconteceria em Porto Alegre, durante o Fórum Social Mundial. Ainda me lembro da rodada de apresentações e de como as pessoas usavam siglas e palavras que, para mim, eram completamente desconhecidas: "OFM", "OFS", "Professo", "Simpatizante"! E eu me apresentei como quem não pertencia a nenhuma instituição, dizendo que era "franciscana de coração". Nem sabia o que dizia! Mas, era já o anúncio do Caminho. Naquele encontro com pessoas que se tornaram meus irmãos e minhas irmãs, começou um capítulo novo no meu viver! Soube pela Zélia[209] que era possível lutar por justiça social e ambiental e, ao mesmo tempo, ser professa na OFS! E, ali, sugeriram-me procurar pelo frei Vitório que morava no Convento de Santo Antônio[210]. Eu trabalhava bem próximo, naquele centro do Rio de Janeiro imensamente movimentado. Tempos ainda não pandêmicos!

Saí do encontro com frei Vitório com uma alegria indescritível, com cinco livros de presente e com a confiança de que a

---

208. Serviço Franciscano de Solidariedade: https://sefras.org.br/ Hugo faleceu muito jovem, em 2012. A ele, minha eterna gratidão.
209. Zélia Castilho, professa na OFS, atualmente Ministra Regional em Minas Gerais.
210. Frei Vitório Mazzuco, OFM, atualmente Vice-reitor da Universidade São Francisco, em Bragança Paulista/SP.

Espiritualidade Franciscana seria, dali em diante, minha guia para seguir o Cristo. Hoje, ela é também a força vital que me permite não asfixiar, nestes tempos apocalípticos de crueldade crescente! Vou aprendendo, no peregrinar francisclariano[211], que nossa fragilidade é a força para seguir o Caminho de Jesus. Continuo infinitamente distante da "verdadeira alegria e a verdadeira virtude e a salvação da alma"[212] que almejava São Francisco. Mas *sei* – de saber anímico – para onde devo ir. Tanto quanto, confio em quem protege a caminhada! Hoje e sempre, só em fraternidade é possível seguir a estreita senda de Francisco e Clara e, com amorosidade, ir bordando na vida um sentido pleno de viver, peregrinando no Caminho de Jesus, o Nazareno.

Em 2012, eu já era ativista do movimento socioambiental. Vivíamos um tempo menos distópico do que o atual! Tempo que estimulava um novo sentir/pensar sobre como habitar no que, seguindo o Papa Francisco, chamamos nossa Casa Comum. O encontro com São Francisco me levou para uma trilha muito mais profunda e espiritual na compreensão do "mundo"! A ecologia, o *logos* que fala da casa, com São Francisco, conduz à *ecosofia*, ao reconhecimento respeitoso da sabedoria inscrita no cosmos, à compreensão de que há um vínculo intrínseco, visceral e uterino que conecta, aproxima e liga empaticamente tudo que é mundo: céu e terra. Ainda mais profundamente, com ele, percebemos a sacralidade do mundo, porque, no fundo de tudo que é mundo, na conexão de tudo que existe em todos os mundos pulsa o amor de Deus que cria, sustenta e faz novas todas as coisas! Francisco, no século XIII, no coração da Europa, saiu dos muros protegidos da *pólis*, da sua pequena cidade. Tirou os sapatos. Caminhou a pé, descalço, na terra, nas pedras, nas cavernas, na floresta. Re-

---

211. Relativo a São Francisco e a Santa Clara de Assis.
212. A verdadeira e perfeita alegria, 15. In: FF, p. 194.

conectou o que fora rompido! O céu e a terra se abraçaram no amor fraterno de Francisco! Voltou a Casa. Ensinou o caminho para a Terra. E "viu que tudo era bom"! (Gn 1,25). Assim fazendo, deixou um rastro que vai nos permitindo ver o mundo para além do véu fetichista do Mercado, para além do desprezo, do temor, da *fuga mundi*. Pelo mistério que viveu, Francisco habitou o mundo *por dentro* e não na superfície rasa. E conduziu-nos a um sentido de ecologia que nos permite compreender a Casa como comum a todos os seres, humanos e não humanos. Uma casa que é viva, vital, pulsante. E, com ele, sonhamos, *coracionamos* e lutamos por uma Casa sem senzalas, sem zonas de sacrifício onde habitam os indesejados do Mercado.

Francisco habitou o mundo com poesia. Falou dele como quem ama, respeita, acarinha! Se eu fosse poetisa, falaria em versos, como fez Francisco, dessa história de amor, tão mais urgente agora. Como não o sou, humildemente, sigo Francisco pelo Caminho. E declamo os versos que ele compôs, com a vida vivida em fraternidade.

Considerações finais

Que bom que você nos acompanhou até aqui. Acreditamos que, ao final desta leitura, você tenha se dado conta, ainda mais, da grandeza e da profundidade da Espiritualidade Franciscana que, justamente por isso, não pode ser reduzida a uma apresentação por vezes simplista e romantizada que dela se faz.

De fato, como procuramos demonstrar, as *Fontes Franciscanas* nos apresentam a experiência humana e religiosa de Francisco fundada sobre uma sólida doutrina espiritual que se origina no Espírito do Senhor e na sua santa operação, orienta-se para a paternidade divina e tem como centro o seguimento de Jesus Cristo. Tal seguimento, por sua vez, possui um caráter fortemente contemplativo e realiza-se, concretamente, através da observância dos três conselhos evangélicos. Trata-se de uma espiritualidade para ser vivida em fraternidade e em atitude de minoridade e que, pela força que lhe é própria, se irradia como evangelização e se desdobra através do cuidado por toda a criação.

Por conta dessa grande consistência e abrangência, a Espiritualidade Franciscana conserva toda a sua atualidade, pois, muitas das questões caras ao *Poverello* continuam a ser abordadas por diversos autores e autoras contemporâneos e testemunhadas por muitas pessoas do nosso tempo, como pudemos verificar ao longo das atualizações e dos testemunhos.

Na verdade, Francisco fala da essência do humano que, não obstante as mudanças dos tempos, permanece imutável. E justamente por ter mergulhado tão profundamente nessa essência e tê-la feito emergir com tanta transparência, como que tendo "voltado à inocência primitiva" (2Cel 166,16; cf. LM 8,1), ele continuar a exercer um fascínio irresistível sobre nós.

Aliás, trata-se de um fascínio que ele já exercia no seu tempo, como bem revela este célebre texto dos *I Fioretti*:

> Estava uma vez São Francisco no convento da Porciúncula com Frei Masseo de Marignano, homem de grande santidade, discrição e graça em falar de Deus; pela qual coisa São Francisco o amava muito; um dia, voltando São Francisco de orar no bosque, e ao sair do bosque, o dito Frei Masseo quis experimentar-lhe a humildade; foi-lhe ao encontro e, a modo de gracejo, disse: "Por que a ti? Por que a ti? Por que a ti?" São Francisco respondeu: "Que queres dizer?" Disse Frei Masseo: "Por que todo o mundo anda atrás de ti e toda a gente parece que deseja ver-te e ouvir-te e obedecer-te? Não és homem belo de corpo, nao és de grande ciência, não és nobre: donde vem, pois, que todo o mundo anda atrás de ti?" Ouvindo isto, São Francisco, todo jubiloso em espírito, levantando a face para o céu por grande espaço de tempo, esteve com a mente enlevada em Deus; e depois, com grande fervor de espírito, voltou-se para Frei Masseo e disse: "Queres saber por que a mim? Queres saber por que a mim? Queres saber por que todo o mundo anda atrás de mim? Isto recebi dos olhos de Deus altíssimo, os quais em cada lugar contemplam os bons e os maus: porque aqueles olhos santíssimos não encontraram entre os pecadores nenhum mais vil nem mais insuficiente nem maior pecador do que eu; e assim, para realizar esta operação maravilhosa, a qual entendeu de fazer, não achou outra criatura mais vil sobre a terra;

e por isso me escolheu para confundir a nobreza e a grandeza e a força e a beleza e a sabedoria do mundo; para que se reconheçam que toda a virtude e todo o bem é dele e não da criatura, e para que ninguém se possa gloriar na presença dele; mas quem se gloriar se glorie no Senhor, a quem pertence toda a honra e glória na eternidade". Então Frei Masseo, ouvindo tão humilde resposta, dada com tanto fervor, se espantou e conheceu certamente que São Francisco estava fundado na verdadeira humildade. Em louvor de Cristo. Amém (Fior 10, cf. AtF 10).

Assim, o fascínio de Francisco, tanto ontem como hoje, provém, no fundo, da verdade, bondade e beleza de Deus que nele se refletiam e dele continuam a se irradiar.

Paz e Bem!

Referências

1 Fontes Franciscanas e outros subsídios

Bíblia Sagrada (Ludovico Garmus (coord. geral)). Petrópolis: Vozes, 2005.

Diccionario de Teologia Dogmática (Beinert Wolfgang (org.)). Barcelona: Herder, 1990.

Dicionário Crítico de Teologia (Jean-Yves Lacoste (org.)). São Paulo: Paulinas/Loyola, 2004.

Dicionário Franciscano (Ernesto Caroli (coord.)). 2. ed. Petrópolis: Vozes, 1999.

Dizionario degli Istituti di Perfezione. Vol. VII (Guerrino Pelliccia e Giancarlo Rocca (orgs.)). Milão: Paoline, 1983.

Fontes Franciscanas (Dorvalino Fassini (org.)). Santo André: Mensageiro de Santo Antônio, 2005.

Fontes Franciscanas (Disponível em http://www.centrofranciscano.capuchinhossp.org.br/fontes).

Fontes Franciscanas (Disponível em https://franciscanos.org.br/carisma/fontes-franciscanas#gsc.tab=0).

Fontes Franciscanas e Clarianas (Celso Márcio Teixeira (org.)). Petrópolis: Vozes/FFB, 2004.

Fontes Franciscani (Enrico Menestò e Stefano Brufani (orgs.)). Assis: Porziuncola, 1995.

Fonti Francescane (Ernesto Caroli (org.)). Pádova: Editrici Francescane, 2011.

Novo Dicionário de Teologia (Juan José Tamayo (org.)). São Paulo: Paulus, 2009.

2 Espiritualidade Franciscana

ABD-EL-JALIL, J.-M. *Testimone del Corano e del Vangelo* (M. Borrmans (org.); Braida E. (trad.)). Milão: Jaca Book, 2006.

BARTOLI, M. *La nudità di Francesco* – Riflessioni storiche sulla spogliazione del Povero di Assisi. Milão: Biblioteca Francescana, 2018.

BOAVENTURA. *Itinerário da mente para Deus* (Jerônimo Jerković e Luis Alberto de Boni (trad.)). Petrópolis: Vozes, 2012.

BOFF, L. *Francisco de Assis, Francisco de Roma*: a irrupção da primavera? Rio de Janeiro: Mar de Ideias, 2013.

_____. *São Francisco de Assis: ternura e vigor* – Uma leitura a partir dos pobres. 13. ed. Petrópolis: Vozes, 2012.

BRUNELLI, D. *O seguimento de Jesus Cristo em Clara de Assis*. Petrópolis: Vozes/FFB, 1998.

CANTALAMESSA, R. *Apaixonado por Cristo* – O segredo de Francisco. São Paulo: Fons Sapientiae, 2019.

CROCOLI, A.; SUSIN, L.C. *A Regra de São Francisco de Assis*. Petrópolis: Vozes, 2013.

DA COSTA, S.R. "Deus o quer!", mas... e Francisco? Os franciscanos e a pregação das Cruzadas. In: *Atas da V Semana de Estudos Medievais* (Programa de Estudos Medievais da UFRJ). Rio de Janeiro, 17-19/11/2003, p. 39-53.

DE KEMPIS, T.; BOFF, L. *Imitação de Cristo e seguimento de Jesus*. Petrópolis: Vozes, 2016.

ESSER, K. *Origens e espírito primitivo da Ordem Franciscana*. Col. Cefepal/3. Petrópolis: Vozes, 1972.

FASSINI, D. *São Francisco em suas Admoestações*. Porto Alegre, 2013.

FORTINI, A. *Nouva vita di San Francesco*. Roma: Carucci, 1981.

GOMES, F.C. *Perfeição evangélica* – A teologia dos conselhos evangélicos de São Boaventura. Petrópolis: Vozes, 2013.

IRIARTE, L. *História Franciscana*. Petrópolis: Vozes, 1979.

LECLERC, E. *O Cântico das Criaturas ou símbolos da união*. Petrópolis: Vozes, 1977.

MERLO, G.G. *Em nome de São Francisco* (Ary E. Pintarelli (trad.)). Petrópolis: Vozes, 2005.

_____. *Intorno a frate Francesco*. Milão: Biblioteca Francescana, 1993.

_____. *Tra eremo e città*. Assis: Porziuncola, 1991.

MESSA, P. *Frate Francesco*: tra vita eremitica e predicazione. Assis: Porziuncola, 2001.

SANI, G.B. *L'Islam e Francesco d'Assisi* – La missione profetica per il dialogo. Firenze: La Nuova Italia, 1975, p. 111.

SANTARÉM, R.G. *A perfeita alegria*: Francisco de Assis para líderes e gestores. Petrópolis: Vozes, 2010.

TEIXEIRA, C.M. O Espírito do Senhor – Ensaio de uma leitura antropológica. In: *Cadernos Franciscanos*, 13, 1999, p. 11-28.

URIBE, F. *Núcleos del carisma de San Francisco de Asís*. Oñati: Ediciones Franciscanas Arantzazu, 2017.

_____. *La Regola di San Francesco:* Lettera e Spirito. Bolonha: Dehoniane, 2011.

_____. *Introduzione alle fonti agiografiche di San Francesco e Santa Chiara d'Assisi (secc. XIII-XIV)*. Assis: Porziuncola, 2002.

VAIANI, C. *La via di Francesco*. Milão: Biblioteca Francescana, 2008.

_____. *Teologia e Fonti Francescane*. Milão: Biblioteca Francescana, 2006.

VAUCHEZ, A. *Francesco d'Assisi*. Turim: Einaudi, 2010.

3 Temas diversos

BAZIN, R. *Charles de Foucauld* – Esploratore del Marocco, eremita nel Sahara. Milão: Paoline, 2005.

BERTELLI, G. Mística e compaixão: a teologia do seguimento de Jesus em Thomas Merton. São Paulo: Paulinas, 2008.

BREIS, B. *Francisco de Assis e Charles de Foucauld*: enamorados do Deus humanado. São Paulo: Paulus, 2017.

DAMIAN, E.T. *Espiritualidade para nosso tempo*: com Carlos de Foucauld. *São Paulo: Paulinas, 2007.*

DE LUBAC, H. *La pensée religieuse du Pére Teilhard de Chardin*. Paris: Aubier, 1962.

DE OLIVEIRA, A.C.; MENESES JÚNIOR, C.S. *Meditando com Thomas Merton e Francisco de Assis* – Homenagem aos cinquenta anos da morte de Merton (1968-2018). Campinas: De Sete, 2018.

DE SAINT-EXUPÉRY, A. *O pequeno príncipe*. Rio de Janeiro: Agir, 1969.

FOUCAULD, C. *Meditações sobre o Evangelho*. São Paulo: Duas Cidades, 1964.

FREUD, S. O mal-estar na civilização. In: *Obras Completas*. Vol. XXI. Rio de Janeiro: Imago, 1974.

GALLAGHER, J. *Chiara Lubich*: uma mulher e sua obra. São Paulo: Cidade Nova, 1998.

GONZÁLEZ-BALADO, J.L. *O desafio de Taizé*. São Paulo: Paulinas, 1977.

HIMITIAN, E. *A vida de Francisco*: o papa do povo (Maria Alzira Brum Lemos e Michel Teixeira (trads.)). Rio de Janeiro: Objetiva, 2013.

JERKOVIC', J. *Itinerário do cosmo ao ômega* – São Boaventura e Teilhard de Chardin. Petrópolis: Vozes, 1968.

KING, U. *Cristo em todas as coisas* – A espiritualidade na visão de Teilhard de Chardin. São Paulo: Paulinas, 2002.

LECLERC, E. *Sabedoria dum pobre*. 7. ed. Braga: Editorial Franciscana, 1983.

MACEDO, M.S.F. Maria no Islã – Uma leitura a partir da obra de Jean-Mohammed Ben Abd-el-Jalil, OFM. In: *Grande Sinal*, 71/3, jul.-set./2017, p. 219-230.

MERTON, T. *Novas sementes de contemplação*. Petrópolis: Vozes, 2017.

_____. *A montanha dos sete patamares*. Petrópolis: Vozes, 2005.

_____. *The road to joy*. Nova York: Farrar, Straus and Giroux, 1989.

_____. *Homem algum é uma ilha*. 2. ed. Rio de Janeiro: Agir, 1958.

REZEK, R. (coord.). *Para aquele que vem* – Orações do Pe. Teilhard de Chardin (José Luiz Archanjo (trad.)). São Paulo: Instituto Social Morumbi, 1985.

SCHUTZ, R. *As fontes de Taizé*. São Paulo: Paulinas, 1984.

_____. *Viver o momento de Deus*. São Paulo: Duas Cidades, 1963.

_____. Naissance des communautés dans les *églises* de la Réforme. In: *Verbum Caro*, 33, 1955.

_____. *Introduction à la vie communautaire*. Genebra: Labor et Fides, 1944.

SIX, J.F. *L'Aventure de l'amour de Dieu* – 80 lettres inédites de Charles de Foucauld à Louis Massignon. Paris: Du Seuil, 1993.

TEIXEIRA, F. *Buscadores cristãos no diálogo com o Islã*. São Paulo: Paulus, 2014.

VANDELEENE, M. (org.). *Chiara Lubich: ideal e luz* – Pensamento, espiritualidade, mundo unido. São Paulo: Brasiliense/Cidade Nova, 2003.

CULTURAL

Administração
Antropologia
Biografias
Comunicação
Dinâmicas e Jogos
Ecologia e Meio Ambiente
Educação e Pedagogia
Filosofia
História
Letras e Literatura
Obras de referência
Política
Psicologia
Saúde e Nutrição
Serviço Social e Trabalho
Sociologia

CATEQUÉTICO PASTORAL

Catequese
Geral
Crisma
Primeira Eucaristia

Pastoral
Geral
Sacramental
Familiar
Social
Ensino Religioso Escolar

TEOLÓGICO ESPIRITUAL

Biografias
Devocionários
Espiritualidade e Mística
Espiritualidade Mariana
Franciscanismo
Autoconhecimento
Liturgia
Obras de referência
Sagrada Escritura e Livros Apócrifos

Teologia
Bíblica
Histórica
Prática
Sistemática

REVISTAS

Concilium
Estudos Bíblicos
Grande Sinal
REB (Revista Eclesiástica Brasileira)

VOZES NOBILIS

Uma linha editorial especial, com importantes autores, alto valor agregado e qualidade superior.

VOZES DE BOLSO

Obras clássicas de Ciências Humanas em formato de bolso.

PRODUTOS SAZONAIS

Folhinha do Sagrado Coração de Jesus
Calendário de mesa do Sagrado Coração de Jesus
Almanaque Santo Antônio
Agendinha
Diário Vozes
Meditações para o dia a dia
Encontro diário com Deus
Guia Litúrgico

CADASTRE-SE
www.vozes.com.br

EDITORA VOZES LTDA.
Rua Frei Luís, 100 – Centro – Cep 25689-900 – Petrópolis, RJ
Tel.: (24) 2233-9000 – Fax: (24) 2231-4676 – E-mail: vendas@vozes.com.br

UNIDADES NO BRASIL: Belo Horizonte, MG – Brasília, DF – Campinas, SP – Cuiabá, MT
Curitiba, PR – Fortaleza, CE – Juiz de Fora, MG – Petrópolis, RJ – Recife, PE – São Paulo, SP